Dietmar Seidel
Verantwortung
Risiko
Recht

Akademie der Wissenschaften
der Deutschen Demokratischen Republik

Institut für Theorie des Staates und des Rechts

Staats- und rechtstheoretische Studien

7

Dietmar Seidel

Verantwortung – Risiko – Recht

Die Stimulierung des wissenschaftlich-technischen Schöpfertums durch das sozialistische Recht

AKADEMIE-VERLAG · BERLIN
1979

Erschienen im Akademie-Verlag, 108 Berlin, Leipziger Str. 3—4

Lizenznummer: 202 · 100/20/79
Gesamtherstellung: VEB Druckerei „Thomas Müntzer", 582 Bad Langensalza
Umschlaggestaltung: Willi Bellert
Bestellnummer: 753 562 7 (2173/7) LSV: 0475
Printed in GDR
DDR 8,50 M

Inhalt

Einführung 9

I. Wissenschaftlich-technisches Schöpfertum und sozialistisches Recht 13

1. Die Durchsetzung des wissenschaftlich-technischen Fortschritts — eine Aufgabe des gesamten sozialistischen Rechts 13

2. Die Stimulierung schöpferischen Handelns der Werktätigen und Probleme rechtlicher Verantwortung und Verantwortlichkeit 18

3. Riskantes Handeln als besondere Erscheinungsform schöpferischen Handelns 36

4. Zum Rechtsinstitut Risiko 47

II. Probleme der Leitung und Planung schöpferisch-riskanten Handelns und Aufgaben des sozialistischen Rechts 57

1. Das gerechtfertigte Risiko als allgemeines Problem der Leitung und Gestaltung wissenschaftlich-technischer Prozesse mit Hilfe des sozialistischen Rechts 57

2. Einige Probleme der Rechtsgestaltung und Rechtsverwirklichung hinsichtlich schöpferisch-riskanten Handelns von Betrieben und Kombinaten 67

3. Die Prüfung und Feststellung individueller rechtlicher Verantwortung und Verantwortlichkeit bei riskanten Handlungen mit Schadensfolgen 76

4. Sozialistische Persönlichkeitsentwicklung, Schöpfertum und Mut zum Risiko als Erziehungsauftrag 86

Anmerkungen 92

Personenregister 101

Das Suchen nach dem noch nicht
Erreichten ist der große
Antrieb im Menschen, der seine
besten Schöpfungen hervorbringt.

Rabindranath Tagore

Einführung

Im Rahmen der Leitung und Planung aller gesellschaftlichen Prozesse sind ständig Entscheidungen zu fällen, die die menschliche Entwicklung, die wissenschaftlich-technische Fortentwicklung bewirken oder bewirken sollen. Diese Fort- und Höherentwicklung der Gesellschaft, darin eingeschlossen die Entwicklung von Wissenschaft und Technik, ist mit mannigfachen Ungewißheiten, Unsicherheitsfaktoren, auch Rückschlägen und nicht zuletzt aufopferungsvollem menschlichem Einsatz, hervorragenden Leistungen und Leistungsbereitschaften schöpferisch handelnder sozialistischer Persönlichkeiten verbunden. Die Geschichte der Wissenschaft, die Erfordernisse des Heute, Morgen und Übermorgen bestätigen, daß ohne Schöpfertum, ohne riskante Entscheidungen und Handlungen in allen Lebens- und Schaffensbereichen der gesellschaftliche, der wissenschaftlich-technische Fortschritt letztlich undenkbar sind. Gilt dies für die Menschheitsentwicklung schlechthin, so unter sozialistischen und kommunistischen Gesellschaftsbedingungen, wo der menschliche Genius frei denken, entscheiden und handeln kann, jeder einzelne Werktätige aufgerufen und verpflichtet ist, an der Formierung des Neuen in *allen* Lebens- und Schaffensbereichen mitzuarbeiten, in besonderem Maße. Es geht darum, wie die Partei der Arbeiterklasse dies programmatisch fordert, mit Hilfe von Wissenschaft, Technik und Technologie „hohe Steigerungsraten der Arbeitsproduktivität zu erreichen, Arbeitsplätze einzusparen und das Verhältnis von Aufwand und Ergebnis entscheidend zu verbessern.

Der wissenschaftlich-technische Fortschritt ist Hauptfaktor der Intensivierung und beeinflußt die Lösung aller anderen Aufgaben entscheidend. Deshalb hält es die SED für erforderlich, die wissenschaftlich-technische Arbeit selbst zu intensivieren, den erforderlichen wissenschaftlichen Vorlauf zu sichern, in möglichst kurzen Fristen in Forschung und Entwicklung Ergebnisse von hohem Niveau zu erzielen und diese rasch in großem Umfang anzuwenden."[1] Dabei sind die Vorzüge des Sozialismus für den gesellschaftlichen Fortschritt zu nutzen. Neuartiges, Niedagewesenes ist zu entwickeln und in ökonomisch, wissenschaftlich-technisch und gesellschaftlich günstiger Variante schnell wirksam zu machen. Diese Aufgaben erfordern zukunftsweisende, ökonomisch effektive Entscheidungen, die von hohem Verantwortungsbewußtsein getragen sind; es ist objektiv notwendig, in gesamtgesellschaftlichen Dimensionen zu denken, zu entscheiden und zu handeln.

„Wir müssen" — bemerkte Lenin schon frühzeitig — „von der gesamten Wissenschaft und Technik, von allen Kenntnissen Besitz ergreifen ... Anders können wir das Leben der kommunistischen Gesellschaft nicht aufbauen."[2]

Es liegt im Wesen von Wissenschaft und Technik begründet, daß deren Fort- und Höherentwicklung originär mit dem Einsatz menschlichen Schöpfertums, mit dem Erfordernis kluger Ideen und suchender Initiativen, mit dem Wagnis des Neuen und schließlich mit dem Risiko des Ungewissen verbunden ist. Das produktive menschliche Schöpfertum revolutioniert die Produktivkräfte und verhilft dem wissenschaftlich-technischen Fortschritt zum Durchbruch. Es führt unter Umständen zu völlig neuen Lösungswegen und verbessert Verfahren und Technologien in der Produktion und in vielen anderen Bereichen des gesellschaftlichen Lebens. Menschliches Schöpfertum, Verantwortungsbereitschaft und kühnes Handeln sind nicht mehr schlechthin ein Problem wünschenswerter individueller, spontaner Initiativen, sondern eine Aufgabe der planmäßigen Organisation durch die sozialistische Gesellschaft. Sie erfolgt durch die ihr zur Verfügung stehenden Leitungsmittel und damit auch mit Hilfe des sozialistischen Rechts als eines der bedeutendsten.

Eine spezifische Erscheinungsform menschlichen Schöpfertums ist das Risiko, das bewußte Entscheiden und Handeln unter Bedingungen der Unbestimmtheit und damit der Tatsache, daß „auf das Endergebnis eine Menge von Faktoren einwirkt, die nicht mit hinreichender Genauigkeit berücksichtigt werden können"[3]. Dies wiederum bedingt, daß die Verläufe und Resultate derartiger Entscheidungen und Handlungen nur in Wahrscheinlichkeitsgraden vorherbestimmbar sind. „Solche kritischen Situationen lassen sich praktisch nicht ausschließen", stellt Afanasjew aus leitungstheoretischer Sicht fest, und er verweist darauf, daß bei der Entscheidungsfällung ehemals „gewonnene Erfahrungen, die Kenntnis analoger Situationen, die Intuition des Leiters und seine Fähigkeit, ein zulässiges Risiko einzugehen, eine entscheidende Rolle"[4] spielen.

Die Bestimmung eben jenes *zulässigen Risikos* ist eine Aufgabe, die das sozialistische Recht wesentlich zu lösen hat. Es geht im Kern darum, die schöpferischen Potenzen aller Werktätigen zielgerichtet zu entwickeln und solche Entscheidungen zu fordern und *rechtlich* zu fördern, die in kluger, umsichtiger und verantwortungsbewußter Abwägung aller erkennbaren Einflußfaktoren eine gesellschaftlich und individuell optimale Handlungsvariante bewirken. Die Optimalität einer solchen Handlung ist nicht gleichbedeutend mit ihrer Effektivität. Das der Handlung innewohnende Schöpfertum ist nicht identisch mit unmittelbarem Erfolg, wiewohl Effektivität und Optimalität bedeutsame Zielfunktionen jedes schöpferischen und riskanten Handelns sind. Die zweifellos komplizierten Aufgaben, die das sozialistische Recht hierbei zu lösen hat, bestehen darin, verbindliche Handlungsorientierungen für schöpferisches und darin eingeschlossen riskantes Handeln vorzugeben und Verantwortungsmaßstäbe zu fixieren, die dem Handlungstyp Risiko, seiner originären Verbindung mit Schöpfertum, Unbestimmtheit und Wahrscheinlichkeitscharakteristika gerecht werden. Nur dadurch werden ständig konstruktive Lösungen komplizierter Problemsituationen durch das Handeln der Menschen ermöglicht. „Der Kampf um die hohe Wirksamkeit von Wissenschaft und Technik muß mit der erforderlichen Entschiedenheit und mit der Kraft des ganzen Kollektivs geführt werden. Je anspruchsvoller die Aufgabenstellungen, je konkreter die Ziele, je umfassender die Information der Werktätigen über die wissenschaftlich-technischen Probleme und die Aufschlüsselung der Planaufgaben auf die einzelnen Arbeitsbereiche und Brigaden, je gründlicher die Parteikontrolle, um so größer sind die Erfolge im Kampf um die Beschleunigung des wissenschaftlich-technischen Fortschritts."[5] Namentlich die Entstehung und Umsetzung neuer wissenschaftlich-technischer Lösungen, die schöpferische Bewältigung produktiver Aufgaben, aber auch das Erfordernis, drohende Schäden abzuwehren und dabei Wahrscheinlichkeiten zu akzeptieren, bilden Aufgabenstellungen, denen sich das sozialistische Recht künftig verstärkt zuzuwenden hat. Dies schließt ein, entsprechend den spezifischen Funktionen der Rechtszweige rechtlich verbindliche Handlungsparameter zu entwickeln, die positive, handlungsstimulierende Orientierungen vermitteln und nicht in erster Linie Abwehrpositionen fixieren. Dies schließt ein, den Gesetzmäßigkeiten schöpferischen Handelns und, damit engstens verbunden, den Problemen der Verantwortung in und bei diesem Prozeß erhöhte Aufmerksamkeit zu widmen und die dynamischen Potenzen und Elemente des sozialistischen Rechts in seiner Gesamtheit stärker zur Lösung dieser bedeutsamen Probleme zu nutzen. Schließlich ist es erforderlich, die Leitungsfunktion und die Leitungspotenzen des sozialistischen Rechts *in Einheit* mit anderen Instrumenten und Mitteln sozialistischer Leitungstätigkeit weiterzuentwickeln und somit die planmäßige Entwicklung von Schöpfertum und Risikobereitschaften zum immanenten Bestandteil sozialistischer Persönlichkeitseigenschaften zu machen.

Die komplexe rechtliche Erfassung des gerechtfertigten Risikos als Typ menschlichen Handelns und verantwortungsvollen Lösens neuer Probleme ist nur *eine* Form der Stimulation schöpferischen Handelns. Sie muß einhergehen mit einem System gezielter Maßnahmen, namentlich der ökonomischen Stimulation schöpferischen Handelns, mit vielfältigen Maßnahmen der materiellen und moralischen Anerkennung für hervorragende Leistungen auf dem Gebiet des wissenschaftlich-technischen Fortschritts, mit Vorteilen für Betriebe und Kombinate auf dem Gebiet der Preisbildung und bei der Abrechnung der Planaufgaben; schließlich mit Vorteilen für den einzelnen, weil damit die für die sozialistische Gesellschaft kennzeichnende Interessenharmonie zwischen Gesamtgesellschaftlich-Kollektivem und Persönlichem leitungsmäßig hergestellt wird.

Indes kann durchaus davon ausgegangen werden, daß die rechtliche Regelung schöpferisch-riskanten Handelns und damit die Berücksichtigung von Entscheidungs- und Handlungsspezifika des Risikos in wesentlichen Parametern als Modell für die rechtliche Leitung und Gestaltung von Rechtsverhältnissen, die die Entwicklung und Forcierung des wissenschaftlich-technischen Fortschritts zum Gegenstand haben, gelten kann. Unter den Bedingungen der wissenschaftlich-technischen Revolution ist das objektive Erfordernis schöpferisch-riskanten Handelns zum Wohle der sozialistischen Gesellschaft nichts Apartes und Außergewöhnliches; es ist zum festen Bestandteil der Entscheidungen und Handlungen schöpferisch handelnder Werktätiger geworden. Daher kommt es auch aus rechtlicher Sicht vor allem darauf an, den Rahmen abzustecken und zu fixieren, innerhalb dessen sich Schöpfertum und Risikobereitschaft voll entfalten können. Die Aufgabe sozialistischer Rechts- und Rechtsbewußtseinsentwicklung besteht wesentlich darin, mit dazu beizutragen, daß der wissenschaftlich-technische Fortschritt der sozialistischen Gesellschaft in optimaler Weise nützt, und dies erfordert, seine Gesetzmäßigkeiten, Tendenzen und Probleme so zu erfassen und auch rechtlich zu berücksichtigen, daß im Handeln der Menschen seine reichen Schätze geborgen und zugleich seine nicht geringen Unwegsamkeiten optimal bewältigt werden. Die heutige historische Situation verlangt, die sozialen Inhalte der Verantwortung des Menschen bei der Meisterung des wissenschaftlich-technischen Fortschritts, des noch und nicht mehr Verantwortbaren zu bestimmen — das Problem des gerechtfertigten Risikos betrifft eine solche Grenzziehung. Es ist dies u. E. kein Rechtsproblem unter vielen, sondern eine wichtige Grundlage und Voraussetzung für die weitere Entwicklung und Profilierung des sozialistischen Rechts als Instrument zur Durchsetzung des wissenschaftlich-technischen Fortschritts.

I. Wissenschaftlich-technisches Schöpfertum und sozialistisches Recht

1. Die Durchsetzung des wissenschaftlich-technischen Fortschritts — eine Aufgabe des gesamten sozialistischen Rechts

Die qualitativen Veränderungen, die in Wissenschaft und Technik bei der weiteren Entwicklung der Produktivkräfte und der Freisetzung menschlicher Schöpferkraft im Rahmen der wissenschaftlich-technischen Revolution vor sich gehen, erhöhen unvergleichlich ihre Bedeutung für den gesellschaftlichen Fortschritt. Die Ergebnisse der wissenschaftlichen Arbeit bestimmen zunehmend und entscheidend das Niveau und das Tempo der Entwicklung der Volkswirtschaft und ihrer Effektivität. Solche neuen Wege sind zu suchen und zu beschreiten, die eine organische Verbindung der wissenschaftlichen und technischen Arbeit mit dem gesamten gesellschaftlichen Reproduktionsprozeß und damit mit dem umfassenden und den Zielen des Sozialismus verschriebenen Schöpfertum der Massen gewährleisten.

„Früher" — rief Lenin nach dem Sieg der Oktoberrevolution auf dem III. Gesamtrussischen Sowjetkongreß den Arbeiter-, Soldaten- und Bauerndeputierten zu — „war das ganze menschliche Denken, der menschliche Genius nur darauf gerichtet, den einen alle Güter der Technik und Kultur zu geben und den anderen das Notwendige vorzuenthalten — Bildung und Entwicklung. Jetzt dagegen werden alle Wunder der Technik, alle Errungenschaften der Kultur zum Gemeingut des Volkes, und von jetzt an wird das menschliche Denken, der menschliche Genius niemals mehr ein Mittel der Gewalt, ein Mittel der Ausbeutung sein."[6]

Die Vertiefung der Intensivierung der gesellschaftlichen Produktion und Reproduktion in der entwickelten sozialistischen Gesellschaft erfordert, den Produktionsprozeß wissenschaftlich zu gestalten und die Wissenschaft schnell produktionswirksam werden zu lassen. Dies ist, der Marxschen Erkenntnis folgend, daß die Wissenschaft als Produktivkraft nur durch die Anwendung ihrer Erkenntnisse wirksam werden kann, die grundlegende Dialektik zwischen Wissenschaft und Praxisentwicklung. Sie findet im Bereich der Volkswirtschaft ihr eigentliches Bewährungsfeld.

Hohe Leistungen in Wissenschaft, Technik und Organisation mit geringstmöglichem Aufwand zu vollbringen, die Qualität der Erzeugnisse ständig zu verbessern, die Investitionsarbeit effektiver zu gestalten, die Grundfondsökonomie durch rationelle Anwendung neuer Technik und Technologie und durch volle Ausnutzung der Kapazitäten zu erhöhen, die Naturressourcen maximal zu nutzen und die internationale Kooperation und Arbeitsteilung namentlich der im RGW vereinigten sozialistischen Länder weiter zu entwickeln — das sind wesentliche Aufgaben bei der Bewältigung des wissenschaftlich-technischen Fortschritts. Dieser — fast beliebig zu erweiternde — Aufgabenkatalog unterstreicht die grundsätzliche Tatsache, daß sich der wissenschaftlich-technische Fortschritt als ein Prozeß quantitativer und qualitativer Veränderungen in Wissenschaft und Technik vollzieht. Er ist zugleich die entscheidende Grundlage für die Höherentwicklung der Produktivkräfte in ihrer Gesamtheit.

W. I. Lenin, der von Beginn des sozialistischen Aufbaus an die Aufgabe stellte, „die ganze Summe der vom Kapitalismus aufgespeicherten, überaus reichen, für uns historisch unumgänglich notwendigen Schätze an Kultur, Wissen und Technik, alles das aus einem Werkzeug des Kapitalismus zu einem Werkzeug des Sozialismus zu machen“[7], erklärte im März 1920: „Dem Bündnis von Wissenschaft, Proletariat und Technik wird keine noch so finstere Gewalt widerstehen können.“[8]

Die Erhöhung des Niveaus der wissenschaftlich-technischen Arbeit, ihre stärkere organische Verbindung mit den Aufgaben und Bedürfnissen der Produktion, die weitere Qualifizierung und leitungsmäßige Beherrschung der Überleitung wissenschaftlich-technischer Neuerungen in die Produktion, die Steigerung der Effektivität und des Wirkungsgrades der Produktion durch wissenschaftlich-technische Leistungen auf höchstem Niveau, die Bestimmung der sozialen und ökonomischen Entwicklungsziele und in Einheit damit der wissenschaftlich-technischen Ziele nach einem einheitlichen Konzept bilden Aufgabenstellungen, die nicht nur an Wissenschaft und Technik selbst hohe Anforderungen stellen, sondern ebenso an die Leitung, Planung und ökonomische Stimulierung dieser Prozesse.

Als eines der wichtigsten Leitungsmittel des sozialistischen Staates hat das sozialistische Recht die Aufgabe, den Prozeß der Gewinnung und der gesellschaftlichen Nutzung wissenschaftlich-technischer Leistungen wirkungsvoll zu unterstützen. Dies ist eine grundlegende, komplexe und auch komplizierte Aufgabe, die alle Rechtszweige berührt. Dabei ist zu gewährleisten, daß wichtige Prinzipien des sozialistischen Rechts *einheitlich* verwirklicht werden, *grundlegende* Gesetzmäßigkeiten des schöpferischen wissenschaftlich-technischen Erkenntnisprozesses berücksichtigt und objektive Erfordernisse bei der Gestaltung neuer rechtlicher Verhältnisse im Zusammenhang mit dem wissenschaftlich-technischen Fortschritt rechtzeitig erkannt und konstruktiv gelöst werden.

Die Verbindung des wissenschaftlich-technischen Fortschritts mit den Vorzügen des Sozialismus sichert, daß seine Ergebnisse planmäßig zum Wohle der Menschen entwickelt und genutzt werden können. Diese Verbindung bildet die Gewähr dafür, daß nicht mehr wilde, spontane „Schleudereffekte“, wie sie Marx für die Industrie des Kapitalismus feststellte,[9] sondern eine planmäßige Steuerung des Gesamtkomplexes den wissenschaftlich-technischen und in Einheit damit den sozialen und gesellschaftlichen Fortschritt bestimmen. „Mit der Möglichkeit, die er bietet, alle schöpferischen Kräfte des Volkes zu entfalten, stellt der Sozialismus uns zugleich vor die Notwendigkeit, dies zu tun[10]“, bemerkte Erich Honecker schon vor Jahren. Das stellt an die Menschen und Kollektive, an die Leitungen und an die Qualität der Leitungsinstrumente hohe Anforderungen.

Wissenschaftlich-technische Fortschrittsprozesse und ihre optimale rechtliche Leitung beeinflussen das ökonomische Wachstum der sozialistischen Gesellschaft auf lange

Sicht und in dem Maße, wie sie Tempo und Qualität der Erfüllung der Hauptaufgabe wesentlich mitbestimmen. Sie beeinflussen weiterhin bestimmend das zügige Vorankommen der sozialistischen ökonomischen Integration, die weitere Qualifizierung und die Optimierung der internationalen Arbeitsteilung. Sie sind somit in ihrer Wirkung für den gesellschaftlichen Fortschritt von grundlegender Bedeutung. Irrtümer und Fehleinschätzungen, die Fehlentwicklungen auslösen, bewirken in der Regel nicht nur das Zurückbleiben einzelner Bereiche, sondern ganzer Industriekomplexe und manchmal ganzer Volkswirtschaften. *Es ist daher nicht schlechthin wünschenswert, daß die wissenschaftlich-technischen Entwicklungserfordernisse optimal erkannt und in Entscheidungen und Handlungen schöpferisch realisiert werden, sondern die schöpferische, in höchstem Maße verantwortungsbewußte, wissenschaftlich allseitig fundierte Leitung und Realisation dieses Prozesses ist zu einer zentralen Voraussetzung seiner Beherrschung und gesellschaftlichen Nutzung geworden.*

Die rechtliche Leitung des wissenschaftlich-technischen Fortschritts, der das Element der Dynamik und ständigen Entwicklungsfähigkeit in sich trägt — der IX. Parteitag der SED kennzeichnete diesen Bereich als den „Schlüssel zu hoher volkswirtschaftlicher Dynamik“[11] —, ist mit einer Reihe grundlegender Forderungen an das sozialistische Recht verbunden. Diese betreffen sowohl seine qualitative Bestimmung als erstrangigen wirtschaftlichen und gesamtgesellschaftlichen Wachstumsfaktor, als auch die Tatsache der wachsenden Bedeutung des subjektiven Faktors bei der weiteren Gestaltung des entwickelten Sozialismus und bei der Schaffung der Voraussetzungen für den allmählichen Übergang zum Kommunismus.

In dem Maße, wie Prinzipien, Resultate und auch partielle negative Ergebnisse wissenschaftlich-technischer Leistungen und Parameter das Leben der sozialistischen Gesellschaft wesentlich bestimmen, in dem Maße, wie die verschiedenen Bereiche des gesellschaftlichen Lebens zur planmäßigen Weiterentwicklung und Nutzung seiner Ergebnisse beitragen, wie der wissenschaftlich-technische Fortschritt als gesamtgesellschaftlicher Prozeß zur optimalen gesellschaftlichen Nutzung seiner Resultate gestaltet werden muß, sind Notwendigkeit und Einheitlichkeit seiner Leitung wesentlich mit rechtlichen Mitteln objektiv begründet und unabdingbar. Das sozialistische Recht *organisiert* seine planmäßige Entwicklung und Nutzung in allen gesellschaftlichen Bereichen. Es *sichert* seinen Einsatz entsprechend den die sozialistisch-kommunistische Gesellschaftsformation grundlegend bestimmenden Prinzipien und gewährleistet somit die umfassende Anwendung seiner Resultate. Es *stimuliert* das Handeln der Menschen zur planmäßigen Gewinnung und Nutzung neuer Erkenntnisse von Wissenschaft und Technik und *reguliert* die Verteilung der Ressourcen je nach dem Anteil des einzelnen und der Betriebe und Kombinate am Zustandekommen der Leistungen. Es *schützt* schließlich seine Resultate vor widerrechtlichen Angriffen und vor Mißbrauch.

„Das sozialistische Recht spielt eine große Rolle, um den wissenschaftlich-technischen Fortschritts zu verwirklichen, der entscheidende Bedeutung für die Schaffung der materiell-technischen Basis des Kommunismus besitzt. Die Entwicklung der Wissenschaft und Technik, die neuen Entdeckungen und Erfindungen üben ihrerseits einen unmittelbaren Einfluß auf das Recht aus. Mit dem wissenschaftlich-technischen Fortschritt ergibt sich die Notwendigkeit, neue Arten gesellschaftlicher Beziehungen rechtlich zu regeln, was dazu führt, daß neue Rechtszweige entstehen. So entwickelte sich das Weltraumrecht. Selbständige Zweige wurden das Luftrecht, das Recht des Umweltschutzes u. a. Der wissenschaftlich-technische Fortschritt wirkt sich auch auf die Rechtszweige aus, die anscheinend sehr weit von ihm entfernt sind. Im Zusammenhang mit der Anwendung neuer technischer Mittel mußte die geltende Gesetzgebung Handlungen als gesellschaftsgefährlich und strafbar erklären, die den Strafgesetzen früher völlig unbekannt waren."[12]

Die Anforderungen, die in diesem Zusammenhang an das sozialistische Recht gestellt werden, sind wesentlich dadurch bestimmt, daß der wissenschaftlich-technische Fortschritt selbst einen äußerst dynamischen, flexiblen, den Gesetzmäßigkeiten von Naturwissenschaft und Technik sowie deren individueller und gesellschaftlicher Erkenntnis gleichermaßen unterliegenden Sachbereich darstellt. Er wird grundlegend determiniert durch die steten *schöpferischen Leistungen* der Menschen. Die Wirksamkeit des sozialistischen Rechts bei der Leitung, Planung und ökonomischen Stimulierung dieses Prozesses zu erhöhen, ist eine Aufgabenstellung von grundsätzlicher Bedeutung. Gelöst werden kann diese Aufgabe nur, wenn einerseits die besonderen Probleme des wissenschaftlich-technischen Fortschritts selbst, seine Gesetzmäßigkeiten, seine immanente Verbindung mit naturwissenschaftlich-technischen Prozessen und andererseits das objektive Erfordernis, seine Wirkungen in ihrer Komplexität, gesamtgesellschaftlichen Relevanz, aber auch in ihren partiell gefährlichen Äußerungsformen zu erfassen, erkannt, anerkannt und leitungsmäßig sicher beherrscht werden. Dies erfordert, namentlich das mit dem wissenschaftlich-technischen Fortschritt immanent verbundene Moment des „Schöpferischen" im Handeln der Menschen zu beachten. Durch Leitung, Planung, ökonomische und rechtliche Stimulierung dieses bedeutsamen Wachstumsfaktors der sozialistischen Gesellschaft ist zu sichern, daß die für die Gesellschaft effektivste wirtschaftliche, wissenschaftlich-technische, technologische, material- und ressourcengünstige, umweltfreundliche usw. Lösung verwirklicht wird. Zudem ist zu betonen, daß die objektiven Erfordernisse des wissenschaftlich-technischen Fortschritts, die Notwendigkeit seiner sepzifischen leitungsmäßigen Erfassung und Regelung mit der grundsätzlichen Aufgabenstellung verbunden sind, den rechtlichen Regelungsbereich zu erweitern und Entwicklungsprobleme sowie neue Erscheinungsformen des wissenschaftlich-technischen Fortschritts auch als Gegenstand rechtlicher Regelung zu begreifen. Das betrifft nicht nur solche offensichtlichen Begleiterscheinungen bestimmter wissenschaftlich-technischer Leistungen und Erscheinungen wie die Notwendigkeit des Umweltschutzes und völlig neuartige Sicherheitsvorkehrungen z. B. im Arbeitsschutz, sondern es betrifft durch den Wissensfortschritt und Erkenntnisse auf fast allen Gebieten des menschlichen Lebens und die damit verbundene Notwendigkeit, sie zum Wohle des Menschen und der Gesellschaft verantwortungsvoll zu nutzen und anzuwenden. Herz-, Nieren- und Gewebetransplantationen, die Schaffung technischer Voraussetzungen zum Bau und zur Nutzung interplanetarer Stationen, der Umgang des einzelnen Menschen mit in die Millionen gehenden Anlagevermögen, die zunehmende Vervollkommnung des dem Menschen in die Hand gegebenen technischen Instrumentariums, die Veränderungen, Um- und Neugestaltungen ganzer Industriezweige mögen hier nur beispielhaft für die Notwendigkeit ihrer Erfassung und Regelung durch das sozialistische Recht genannt werden.

Aus all dem folgt: Der Dynamik und auch Spezifik des wissenschaftlich-technischen Fortschritts entsprechende und das Handeln der Menschen zu seiner Entfaltung orientierende und stimulierende Rechtsnormen bilden eine bedeutsame leitungsmäßige Voraussetzung dafür, daß im tatsächlichen Realisierungsprozeß wirtschaftliche und wissenschaftlich-technische Leistungen von hohem Rang erbracht werden können. Dies erfordert ein hohes Verantwortungsbewußtsein der handelnden Menschen. Es schließt ein, daß das vorhandene Potential an wissenschaftlich-technischen Erkenntnissen, Kenntnissen und Erfahrungen fester Bestandteil dieser Handlungen ist.

Nicht in jedem Falle gelingt jedoch sogleich das Neue, ist die technische Lösung praktisch durchführbar, lassen sich alle Ziele unmittelbar verwirklichen. Stets schließt die Suche nach wirtschaftlicher und wissenschaftlich-technischer Optimalität hohe fachliche Leistungsfähigkeit und großes Verantwortungsbewußtsein, das auch vor Unbekanntem nicht zurückschreckt, ein. „Solche hohen Leistungsziele erfordern den Standpunkt, daß in der Forschung so mancher Weg gegangen werden muß, der ein gesundes Risiko einschließt. Wer sich heute in Forschung und Entwicklung keine Ziele stellt, die ins Neuland führen, wird kaum zu Ergebnissen gelangen, die höchsten volkswirtschaftlichen Ansprüchen gerecht werden. Deshalb sehen wir unsere Aufgabe darin, den Mut zum volkswirtschaftlich vertretbaren Risiko zu fördern und zu unterstützen, denn nur so entsteht in der Regel etwas Neues, das jedem internationalen Vergleich standhält." Und an anderer Stelle bemerkt H. Weiz: „Die erforderlichen hohen wissenschaftlich-technischen Leistungen werden wir mit allen Mitteln fördern, sei es durch den aufgabenbezogenen Einsatz von Staatshaushaltsmitteln, durch die Anwendung von Zielprämien oder andere Formen der Stimulierung."[13]

Das sozialistische Recht hat mit seinen spezifischen Mitteln dazu beigetragen, daß durch die Nutzung der den Werktätigen übertragenen Rechte und Pflichten wirtschaftliche Entscheidungen getroffen werden, die in hohem Maße schöpferische Elemente enthalten. Dies gilt für jegliche Entscheidungen zur Durchsetzung des wissenschaftlich-technischen Fortschritts. Es schließt die Bestimmung von grundlegenden wissenschaftlich-technischen Entwicklungsrichtungen ebenso ein wie Entscheidungen zur komplexen sozialistischen Rationalisierung, zur rationellen Gestaltung von Überleitungsprozessen. Es betrifft die auf wissenschaftlich-technischem Höchststand basierenden Investitionsentscheidungen, Entscheidungen über Produktionsprofilierungen, Produktionserweiterungen oder -einstellungen und Entscheidungen ähnlichen Ranges. Bei allen diesen notwendigen Entscheidungen zur Realisierung des wissenschaftlich-technischen Fortschritts ist zu sichern, daß in ihrer Wirkung einheitliche rechtliche, ökonomische, moralische und andere Bewertungselemente im gesamten Leitungsprozeß verwirklicht werden. Sie müssen den Mut zum Fortschritt stimulieren und nicht vordergründig, etwa allein am partiellen Erfolg oder Mißerfolg, orientiert sein.

Für die weitere Erhöhung der Wirksamkeit des sozialistischen Rechts bei der Durchsetzung des wissenschaftlich-technischen Fortschritts kommt es u. E. entscheidend darauf an, *das verantwortungsvolle, schöpferische, sachlich fundierte Handeln der Werktätigen, das gesellschaftlichen und individuellen Interessen gleichermaßen gerecht wird, zu stimulieren.* Die von der Partei gestellte Aufgabe, alle Potenzen zu erschließen, „die sich auf die Entwicklung von Wissenschaft und Technik positiv auswirken", steht auch vor der sozialistischen Rechtswissenschaft und -praxis. Sie muß ihrerseits verstärkt dazu beitragen, daß „die Erhöhung der Effektivität der wissenschaftlichen Forschung" gesichert wird und die „Entwicklung und Förderung der fortgeschrittensten Methoden des Zusammenwirkens von Wissenschaft und Produktion, die eine rasche Nutzbarmachung und einen hohen ökonomischen Effekt der Forschungsergebnisse ermöglichen", erfolgt. Sie muß schließlich sichern, daß die organische „Verbindung der Errungenschaften der wissenschaftlich-technischen Revolution mit den Vorzügen des Sozialismus"[14] im Handeln der Menschen täglich sichtbar und für die sozialistische Gesellschaft nutzbar wird.

2. Die Stimulierung schöpferischen Handelns der Werktätigen und Probleme rechtlicher Verantwortung und Verantwortlichkeit

Die planmäßige Entwicklung und Stimulierung verantwortungsvoller schöpferischer Handlungen der Werktätigen wird mehr und mehr zu einem objektiven Erfordernis. Es ist die unvergleichliche Zunahme der Bedeutung und Wertigkeit des subjektiven Faktors im Geschichtsprozeß, die bewirkt, daß das verantwortungsvolle Handeln der Menschen zur „zwingenden Voraussetzung des Funktionierens der sozialen Gesetze und der Verwirklichung ihrer objektiven Erfordernisse“[15] wird. In den Entscheidungen und Handlungen der Menschen, die diesen Ansprüchen gerecht werden, die in zunehmendem Maße die geschichtlichen Erfordernisse aufnehmen und durchsetzen, zeigt sich die Höherentwicklung der Gesellschaft, manifestiert sich ein neuer gesellschaftlicher und individueller Bewußtseinsstand. Er begreift die Verantwortung zunehmend als Verantwortung für das Ganze und verwirklicht so ein historisches Erfordernis und ein verfassungsrechtliches Postulat als Einheit. Das sozialistische Recht ist gemäß seiner klassenmäßigen Aufgabenstellung und seiner sozialen Funktion das Instrument, welches schöpferisches Handeln der Menschen fordert und voraussetzt. Das verfassungsmäßige Konzept, Verantwortung stets in ihrer gesamtgesellschaftlichen Dimension und Relevanz zu begreifen, findet in allen Rechtszweigen des sozialistischen Rechtssystems seine konkrete Ausgestaltung. Die programmatischen Forderungen des IX. Parteitages der SED zur weiteren Entfaltung der Tatkraft, der Initiative und des Schöpfertums der Werktätigen für die Erreichung der Ziele dieses Parteitages sind „für die erfolgreiche Lösung der ökonomischen und gesamtgesellschaftlichen Aufgaben, für die Entwicklung sozialistischer Persönlichkeiten von grundlegender Bedeutung ... Wo immer ein Kommunist arbeitet und lebt — er wird konsequent für die Verwirklichung der Hauptaufgabe eintreten, er wird die schöpferische Initiative, eine hohe Einstellung zur Arbeit und zum gesellschaftlichen Eigentum, alle sozialistischen Denk- und Verhaltensweisen aktiv und beispielgebend fördern.“[16]

Das sozialistische Arbeitsrecht als jener Rechtszweig, dessen Normen in besonderem Maße Inhalt und Richtung des Handelns aller Werktätigen bestimmen, fixiert daher auch als eine grundlegende Pflicht aller Leiter, „die schöpferischen Initiativen der Werktätigen auf die Erschließung von Reserven zur Erreichung und gezielten Überbietung der staatlichen Aufgaben und die Übernahme entsprechender Verpflichtungen“ (Arbeitsgesetzbuch (§ 32 [AGB])) zu lenken. Im Rahmen des sozialistischen Wettbewerbs als des „umfassendsten Ausdrucks des Schöpfertums der Werktätigen bei der Gestaltung der entwickelten sozialistischen Gesellschaft“ sind die Initiativen der Werktätigen darauf zu richten, „die Intensivierung der Produktion zu vertiefen, die Produktions- und Effektivitätsziele des Planes allseitig zu erfüllen und weitere Reserven für die Erhöhung der Leistungsfähigkeit und die Steigerung der Arbeitsproduktivität zu erschließen.“ Die Wettbewerbsziele sind demgemäß vor allem auf die „Beschleunigung des wissenschaftlich-technischen Fortschritts, auf die sozialistische Rationalisierung, rationelle Nutzung des gesellschaftlichen Arbeitsvermögens, hohe Qualitätsarbeit, den sparsamen Einsatz von Material, Energie, Roh- und Hilfsstoffen, die Senkung der Kosten sowie auf die Festigung von Ordnung, Disziplin und Sicherheit“ (§ 34 AGB) zu konzentrieren. Damit werden bedeutsame wirtschaftliche und soziale Aufgabenstellungen in den Rang rechtlicher Handlungsanforderungen erhoben und als allgemein verbindliche Inhalte der schöpferischen Arbeit der Werktätigen gekennzeichnet. Für das sozialistische Recht folgt daraus, die Verhaltensweisen der Werktätigen zur Erfüllung dieser Ziele und Aufgaben in besonderer Weise zu stimulieren. Rechte, Pflichten und Verantwortungsinhalte sind so zu fixieren, daß durch deren Wahrnahme der Forderung nach schöpferischen Lösungen der gestellten Aufgaben entsprochen werden kann. Im sozialistischen Zivilrecht sind grundlegende Rechte und Pflichten der Bürger und der sozialistischen Betriebe zur Förderung sozialistischer Beziehungen und Verhaltensweisen, zum Schutz der Rechte der Bürger und des sozialistischen Eigentums und zur verantwortungsbewußten Rechtsausübung fixiert. Sowohl im Rahmen der allgemeinverbindlichen Anforderungen des sozialistischen Zivilrechts als auch durch seine Schutznormen wird rechtsverbindlich garantiert, daß verantwortungsvolles, schöpferisches Handeln der Menschen besondere Förderung und besonderen Schutz durch das sozialistische Rechtssystem erfährt, d. h., die erzieherische und schützende Funktion der sozialistischen Rechtsordnung vollinhaltlich verwirklicht wird. „Es gilt daher keine von den übrigen Bereichen der sozialistischen Rechtsordnung isolierte Funktion der allgemeinen zivilrechtlichen Schutznormen. Die Wirkung der sozialistischen Rechtsordnung und ihrer Verhaltensanforderungen vollzieht sich vielmehr wesentlich in ihrer Einheit. Weniger die einzelne Norm ... formt das Rechtsbewußtsein, vielmehr bewirkt dies die sozialistische Rechtsordnung und Rechtspolitik als Ganzes, ihre den gesellschaftlichen Erfordernissen entsprechende Zielsetzung und Klarheit, ihre Verständlichkeit und Unverbrüchlichkeit, ihre Kontinuität und Zuverlässigkeit.“[17]

Es erübrigt sich, hier anhand aller Rechtszweige sichtbar zu machen, wie und mit welchem Nachdruck das gesamte sozialistische Rechtssystem der grundlegenden Aufgabe verpflichtet ist, daß alles, was der Gesellschaft nützt, auch dem einzelnen zugute kommt, und alles, was der Gesellschaft schadet, von ihr ferngehalten werden muß.

Dieser Gesichtspunkt ist besonders bedeutsam für eine Reihe wichtiger Aufgabenstellungen für Theorie und Praxis des sozialistischen Rechts, weil sich aus den Wirkungen und Einflüssen der wissenschaftlich-technischen Revolution sowohl für die Gesellschaft insgesamt als auch für das Handeln des einzelnen Menschen vielfältige Probleme durch neue Anforderungscharakteristika sowie Forderungen an die Verantwortung und die Kriterien rechtlicher Verantwortlichkeit des Menschen bei der Bewältigung der mit dem wissenschaftlich-technischen Fortschritt verbundenen Aufgabenstellungen ergeben. In der theoretischen Arbeit wie in der Praxis der Rechtsverwirklichung besteht u. E. das dringende Erfordernis, das sozialistische Recht in seiner Gesamtheit verstärkt für die Lösung grundlegender Probleme des wissenschaftlich-technischen Fortschritts zu nutzen. Mit Hilfe abgestimmter und die vielfältigen Verflechtungen berücksichtigender rechtlicher Regelungen sind die wissenschaftlich-technischen und volkswirtschaftlichen Schwerpunkte leitungsmäßig zu beherrschen. Das erfordert unter anderem die Übertragung von Rechten und Pflichten an staats- und wirtschaftsleitende Organe, Kombinate und Betriebe, die eine einheitliche Ausrichtung der gesamten Arbeit auf den wissenschaftlich-technischen Fortschritt bewirken. Die Erhöhung der Leistungsfähigkeit der Wissenschaftskollektive und betrieblichen Einrichtungen ist unmittelbar mit Grundfragen der Leistungsbewertung und damit der materiellen und moralischen Interessiertheit am wissenschaftlich-technischen Fortschritt verbunden. *Alle* rechtlichen Regelungen haben verstärkt von den spezifischen Interessenlagen der Forschungs- und Entwicklungskollektive, der Betriebe und Kombinate sowie der Wissenschaftler auszugehen und durch ein System abgestimmter Rechte, Pflichten, Vorteile, Sanktionen usw. zu sichern, daß *stets der Weg des wissenschaftlich-technischen Fortschritts die gün-*

stigste Entscheidungsvariante bildet. Durch rechtliche Instrumentarien ist zu gewährleisten, daß die den wissenschaftlich-technischen Schöpfungsprozessen eigenen Gesetze berücksichtigt werden und insbesondere die rechtlichen Verantwortungs- und Verantwortlichkeitsregelungen schöpferische Leistungen fördern. Die Rechte und Pflichten der am wissenschaftlich-technischen Fortschritt Beteiligten sind so zu gestalten, daß der komplizierte Prozeß der Erarbeitung schöpferischer wissenschaftlich-technischer Leistungen berücksichtigt wird und nicht einzelne Parameter überbewertet werden. Rassudowski betont zu Recht die Notwendigkeit, mit rechtlichen Mitteln die Entfaltung eines breiten gesellschaftlichen Schöpfertums zu sichern und „persönliche Interessen und Bedürfnisse mit der gesellschaftlichen Interessiertheit an der größtmöglichen Entwicklung von Wissenschaft und Technik, die unter sozialistischen Bedingungen dem Volke dienen“[18] zu verbinden. Dazu gehört u. E. ganz wesentlich, den Rechtsfragen eine besondere Aufmerksamkeit zu widmen, die die Stimulierung und Wertung schöpferisch-riskanten Handelns betreffen, weil einerseits Schöpfertum und Risiko unmittelbar miteinander verbunden sind, und zum anderen gerade in verantwortungsvollen Risikoentscheidungen und Handlungen das gesellschaftlich dimensionierte Schöpfertum der Werktätigen in konzentrierter Weise zum Ausdruck kommt.

Damit sind, wie insbesondere die Praxis der sozialistischen Wirtschaft immer wieder zeigt, zutiefst ideologische Probleme verbunden, die sowohl auf den verschiedenen Leitungsebenen als auch in den Forschungs- und Entwicklungskollektiven selbst in progressiver Weise gelöst werden müssen. „Was uns also nur voranbringen kann, ist, daß sich die Leitung zu einem vertretbaren Risiko bekennt, es eingrenzt und gegebenenfalls *auch das übergeordnete Organ dafür gewinnt, das Risiko mit zu tragen.* Meiner Meinung ist es unzulässig, bei Eröffnungsverteidigungen das Risiko herunterzuspielen. Damit wird es nicht eingegrenzt. Im Gegenteil, die Unsicherheitsfaktoren wachsen mit der Bearbeitungsdauer, die Leistungsbereitschaft der an der Lösung Arbeitenden sinkt, und der Themenabbruch ist dann nur noch eine Frage der Zeit.“[19]

Jeder Leiter in der Volkswirtschaft, jeder Verantwortliche für die Einführung und gesamtgesellschaftliche Nutzung neuer Erkenntnisse, z. B. auf dem Gebiet medizinischer Prophylaxe und Therapie, jeder Werktätige, der als Neuerer und Rationalisator aktiv an der Verwirklichung des wissenschaftlich-technischen Fortschritts mitwirkt, jeder Werktätige, der sich aktiv und einsatzbereit für den Schutz der Gesellschaft oder einzelnen Bürgern drohenden Schäden einsetzt und so handelt, daß er diesen Zielen dient, wird mit der Frage *nach den Kriterien, nach den grundlegenden sozialen Forderungen, Toleranzbreiten und Grenzen verantwortungsvollen Handelns, das vom sozialistischen Recht einheitlich als solches gewertet wird, konfrontiert, und er verlangt darauf eine Antwort.*

Wenn Afanasjew darauf verweist, daß „es beim Entscheidungsprozeß keine vollständige, absolute Bestimmtheit gibt und nicht geben kann“ und daß „für die soziale Leitung ... die Bedingungen der Unbestimmtheit“ geradezu typisch sind, das heißt, „der Zustand des Systems oder der Umwelt ist entweder unbekannt oder nicht hinreichend bekannt“[20], so wird damit sowohl die Kompliziertheit rechtlicher Wertung derartiger Entscheidungen als auch die Notwendigkeit einheitlicher und handlungsorientierender rechtlicher Maßstäbe betont. Daß dies namentlich im Hinblick auf die Lösung von Aufgaben des wissenschaftlich-technischen Fortschritts besonders dringend ist und nur als Problem des sozialistischen Rechts, seiner Forderungen, Maßstäbe und Ziele *insgesamt* gesehen werden kann, ist offensichtlich.

U. E. sind es insbesondere folgende Faktoren, die bei der rechtlichen Stimulierung und Inhaltsbestimmung *verantwortungsvoller* menschlicher Verhaltensweisen und der Bestimmung der einheitlichen rechtlichen Voraussetzungen für den Eintritt individueller — in grundsätzlichen Positionen aber auch kollektiver — Verantwortlichkeit zu berücksichtigen sind:

1. die objektive Notwendigkeit und subjektive Bereitschaft einer wachsenden Zahl von Menschen der sozialistischen und kommunistischen Gesellschaft, *schöpferisch* zu handeln und auf den verschiedensten Gebieten des gesellschaftlichen Lebens *neue, effektivere Lösungen zu erarbeiten*;

2. die durch den menschlichen Erkenntnisprozeß gesetzten Schranken, alle Folgen und Wirkungen seiner Handlungen vorhersehen und beeinflussen zu können.

Für das sozialistische Recht sind damit grundsätzliche Forderungen verbunden:

1. Notwendigkeit und subjektive Bereitschaft der Menschen, *schöpferisch* an der Gestaltung des wissenschaftlich-technischen und gesellschaftlichen Fortschritts mitzuwirken, müssen gefördert, rechtlich geschützt und zu *allgemein anerkannten und zu würdigenden* Verhaltensweisen werden. Dies schließt ein, die Spezifik schöpferischer Tätigkeit zu beachten, die sozialen Anforderungen an verantwortungsbewußtes Handeln in diesem Prozeß rechtlich zu formulieren und die Kriterien rechtlicher Verantwortlichkeit im Kern einheitlich zu fixieren.

2. Folgen und Wirkungen menschlicher Entscheidungen und Handlungen zur Durchsetzung des wissenschaftlich-technischen Fortschritts, die nicht vorhersehbar und (oder) nicht beeinflußbar waren, können weder dem einzelnen noch Kollektiven von Werktätigen als pflichtverletzendes bzw. schuldhaftes Handeln angelastet werden.

3. Die Verbindung sozialistischer rechtlicher Prinzipien und Forderungen mit anderen Formen und Mitteln sozialistischer Leitungstätigkeit zur optimalen Entwicklung und Nutzung des wissenschaftlich-technischen Fortschritts ist eine grundlegende Aufgabe der Leitung und Stimulierung des wissenschaftlich-technischen Fortschritts. Damit ist sie als Aufgabe des sozialistischen Staates insgesamt zu verwirklichen.

Als eines der grundlegenden soziologischen Gesetze formulierten Marx und Engels die Tatsache, daß „mit der Gründlichkeit der geschichtlichen Aktion . . . also der Umfang der Masse zunehmen (wird), deren Aktion sie ist."[21] Dies bedeutet nichts anderes, als daß in der sozialistischen und kommunistischen Gesellschaft die Entwicklungsanforderungen eben dieser Gesellschaft als Aufgaben der gesamten sozialistischen Öffentlichkeit erscheinen und die Aktivität jedes Menschen fordern. Dieser Prozeß vollzieht sich in erhöhtem Maße in der Sphäre der Vorbereitung der Produktion und der materiellen Produktion selbst. Hier geht die Auseinandersetzung des Menschen mit der Natur am unmittelbarsten vonstatten, werden die Forderungen der Zukunft im Lichte von vielfachen Unzulänglichkeiten der Gegenwart am sichtbarsten und drängendsten. „Das produktive Schöpfertum der Arbeiterklasse revolutioniert in erster Linie die Produktivkräfte, verhilft dem wissenschaftlich-technischen Fortschritt zum Durchbruch, führt zu neuen Lösungswegen, verbesserten Verfahren und Technologien in der materiellen Produktion. Es ist vor allem auf die ständige Weiterentwicklung der Produktivkräfte gerichtet."[22] Die Verwirklichung jenes „höheren Typus der gesellschaftlichen Organisation der Arbeit", die Lenin als „die Quelle der Kraft und die Bürgschaft für den unausbleiblichen vollen Sieg des Kommunismus"[23] bezeichnet hatte, verlangt schöpferische Entscheidungen und Handlungen zur steten Erhöhung der Produktivität und Effektivität in allen Bereichen des gesellschaftlichen Lebens, namentlich aber in der

Volkswirtschaft. Es bewirkt zugleich eine wachsende Bereitschaft der Werktätigen zur Schaffung von Leistungen und Lösungen dieses Anspruchs. Damit sind schöpferischen Charakter tragende Handlungen aus der Einmaligkeit und Exklusivität vorheriger Perioden der gesellschaftlichen Entwicklung herausgehoben und zu einer Massenerscheinung geworden. Dies wiederum verlangt, sich stärker als je zuvor mit den Gesetzen und Problemen ihrer Entstehung zu beschäftigen und im Bewußtsein der ganzen Gesellschaft sowohl ihren hervorragenden Stellenwert als auch die Besonderheiten ihres Zustandekommens zu verankern. Zu diesen Besonderheiten gehört, daß Bekanntes und Bewährtes verlassen und *mit neuartigen Methoden Neuartiges angestrebt wird.* Dazu gehört, daß das Entstehen partieller Schäden nicht ausgeschlossen ist. Oft liegt erst nach mehrfachen Irrtümern und Versuchen ein positives Ergebnis vor. Es gehört auch dazu, daß im Verlauf der Arbeiten sich ganz andere als die angezielten Lösungen abzeichnen und Entscheidungen erforderlich werden können, die den bisher *absteckbaren und abgesteckten Rahmen weit überschreiten.* Namentlich auf dem Gebiet von Forschung und Entwicklung und der Überleitung ihrer Erkenntnisse in die Produktion ist es so, wie der Marxismus-Leninismus dies lehrt und bekannte Naturwissenschaftler nicht selten anschaulich beschrieben haben, daß die Lösung komplizierter wissenschaftlicher Probleme ein prinzipiell neues Verfahren erfordern kann, „bei dem die Beziehungen der Elemente ungewöhnlich sein können und sich den üblichen logischen Kriterien sowie der auf dem gesunden Menschenverstand beruhenden Offensichtlichkeit nicht fügen müssen. Auf eben diesen Umstand machte Niels Bohr aufmerksam, als er sagte, daß die moderne physikalische Theorie nur dann wahr sein könne, wenn sie so verrückt sei, daß sie auf den ersten Blick sinnlos erscheine . . . Neue Ideen erscheinen immer sinnlos und verrückt, bis sie mit Hilfe von umfangreichem Faktenmaterial begründet werden und zu gewohnten Ideen geworden sind.“[24]

Gerade diese Tatsache jedoch *kann* dazu führen, daß die gesellschaftliche Wertung derartiger Handlungen uneinheitlich und auch fehlerhaft erfolgt. Die Handlungen der Menschen, die für die sozialistische Gesellschaft charakteristisch sind, werden dann an Maßstäben gemessen, die für die entwickelte sozialistische Gesellschaft und die Erfordernisse und Gesetzmäßigkeiten der wissenschaftlich-technischen Revolution uncharakteristisch sind. Es ist daher für die sozialistische Moral und das sozialistische Recht gleichermaßen bedeutsam, die *Bewertung* menschlichen Handelns und namentlich solchen schöpferischen Gehalts so vorzunehmen, daß die Komplexität der Wirkfaktoren und die Kompliziertheit des Vorgangs voll berücksichtigt werden. Nur so kommt die Einheit von Objektivem und Subjektivem auch in der Wertung menschlicher Handlungen konsequent zum Tragen. Wir halten dies für eine grundlegende Aufgabe bei der weiteren Entwicklung sozialistischer und kommunistischer Verhaltensweisen und bei der inhaltlichen Bewertung dessen, welches Verhalten rechtlich als verantwortungsbewußtes Handeln zu erfassen ist und welches Handeln diesen Ansprüchen nicht gerecht wird.

Insbesondere der *schöpferische Gehalt* von Entscheidungen und Handlungen zur Gewinnung und Durchsetzung von Resultaten des wissenschaftlich-technischen Fortschritts verlangt rechtlich besondere Berücksichtigung. Übereinstimmend wird eine Aufgabenstellung, eine zu erbringende und erbrachte Leistung dann als schöpferisch gewertet, wenn sie eine neue, gesellschaftlich, wissenschaftlich, technisch oder technologisch fortschrittliche Lösung eines gegebenen Problems bewirkt. Im Rahmen eines mehrere oder gar viele Lösungen zulassenden Entscheidungsfeldes wird vom Menschen die

Entscheidung gefunden, welche in hohem Maße gesamtgesellschaftliche Erfordernisse, Interessen und Bedürfnisse befriedigt und damit eine deutliche Steigerung der Effektivität eines gegebenen Prozesses bewirkt. „Charakteristisch für Schöpfertum sind ein hoher Freiheitsgrad an möglichen Lösungen, eine große Selbständigkeit im Erproben von Lösungsmitteln und Lösungswegen sowie die Fähigkeit zum systematischen, zielgerichteten Neukombinieren und Umstrukturieren.“[25] Die gesellschaftliche Funktion und Spezifik schöpferischer Arbeit zur Durchsetzung des wissenschaftlich-technischen Fortschritts bestehen wesentlich darin, „die Entdeckung bislang unbekannter Zusammenhänge und Gesetzmäßigkeiten in der objektiven Realität ... die Vervollkommnung oder Neubildung wissenschaftlicher Theorien ... die Erweiterung des Erkenntnishorizonts der Gesellschaft und ihrer Möglichkeiten zur praktischen Nutzung des theoretischen Wissens“[26] zu sichern. Die Erschließung neuer Anwendungsgebiete für bisher Bekanntes, die Originalität von wissenschaftlich-technischen oder technologischen Lösungen und Leistungen, das Neu- oder Umdefinieren bei der Kombination von Prozessen und Beziehungen weisen charakteristische Elemente schöpferischer Leistungen auf und verlangen vom Recht als wichtigem Instrument der Leitung und Stimulierung eine eben an diesen Prozessen, ihren Gesetzen und Spezifika orientierte Einflußnahme und Gestaltung. Konkret heißt das: Die namentlich bestimmten Werktätigen zu übertragenden Rechte, Pflichten und Verantwortungsinhalte sind so zu gestalten und zu verwirklichen, daß die Schaffung des Neuartigen, Effektiveren und das Bewirken von „Kombinationen für neue Zwecke“ ausschlaggebende Parameter und Kriterien ihrer Pflichterfüllung sind und entsprechend gewertet werden. Weiter: Die Nutzung von gewonnenen naturwissenschaftlich-technischen Erkenntnissen in möglichst kurzen Zeiträumen materiell, moralisch und rechtlich zu stimulieren, die Verursachung partieller Schäden als normalen Prozeß wissenschaftlicher Erkenntnisgewinnung zu betrachten und weniger den *Fakt* als vielmehr den *Prozeß* seiner Entstehung als Gegenstand rechtlicher Einflußnahme und Bewertung zu erfassen, betrifft Aufgaben und Sichtweisen, die dem sozialistischen Recht durchgängig eigen sein müssen. Schließlich hat das sozialistische Recht zu sichern, daß Schöpfertum und gerechtfertigte Risiken nicht schlechthin erlaubt sind — etwa die gerechtfertigte schöpferisch-riskante Entscheidung und Handlung weder einen moralischen, noch arbeitsrechtlichen, noch strafrechtlichen, noch wirtschaftsrechtlichen usw. Nachteil mit sich bringt —, sondern daß derartige Handlungen *positiv stimuliert* werden, d. h. mit sichtbaren, auch materiellen *Vorzügen* und *Vorteilen verbunden sind.*

Es geht insgesamt also darum, die schöpferischen Leistungen der Menschen als objektive Erfordernisse des wissenschaftlich-technischen Fortschritts in der sozialistischen Gesellschaft zu erfassen und die sozialen Inhalte der Verantwortung des Menschen bei der Nutzung wissenschaftlich-technischer Resultate zum Vorteil der sozialistischen Gesellschaft wesentlich mit rechtlichen Mitteln zu bestimmen. Dabei ist es von konzeptioneller Bedeutung, die Frage, welches Handeln der Menschen als *verantwortungsvoll* zu charakterisieren ist, verstärkt an solchen Werten, Aufgabenstellungen und Handlungserfordernissen zu messen, die Sinn und Ziel der sozialistischen und kommunistischen Gesellschaftsordnung sind, alles zu tun für das Glück des Volkes, sein friedliches und schaffensfrohes Leben. Rechte und Pflichten der Menschen bilden jene grundlegenden Orientierungspunkte, die für die Gesellschaft und den einzelnen gleichermaßen verbindlich sind und an deren Erfüllung oder Nichterfüllung für beide Seiten einheitliche Konsequenzen — Stimulanzien und Korrekturen — ableitbar sind und abgeleitet werden. Festgeschriebene Rechte und Pflichten bergen zugleich aber die Gefahr in sich, zu erstarren, nicht in jedem Fall die Spezifik der Verhaltensanforderungen in der gegebenen Situation zu erfassen, die Einmaligkeit oder Erstmaligkeit der Entscheidung und Handlung notwendigerweise zu vernachlässigen. Es ist daher von grundlegender Bedeutung, die Verantwortung des Menschen in der sozialistischen Gesellschaft nicht auf die Summe der für ihn zutreffenden Rechte und Pflichten zu reduzieren, sondern die Erfüllung der Rechte und Pflichten am Maßstab des gesellschaftlich Notwendigen und real Möglichen zu messen und von da her das soziale Wesen der Entscheidungen und Handlungen der Menschen zu bestimmen.

„Die Entscheidungsfindung in der sozialistischen Gesellschaft ist ein Prozeß, der vor allem auf den Menschen orientiert ist. Optimal im allgemeinsten Sinne des Wortes ist eine Entscheidung, die zur weiteren Festigung, Vervollkommnung und Entwicklung der sozialistischen Gesellschaft, zu ihrer erfolgreichen Bewegung auf dem Wege zum Kommunismus beiträgt, wodurch die allseitige Entwicklung des Menschen gefördert wird."[27] Die verantwortungsvolle, schöpferische Verwirklichung der vom sozialistischen Recht statuierten Rechte und Pflichten hat diesen Zielen zu dienen.

Der wissenschaftlich-technische Fortschritt mit seinen hervorragenden Potenzen für die weitere Entwicklung des materiellen und kulturellen Lebensniveaus des Volkes bildet einen entscheidenden Indikator dafür, ob und inwieweit das Handeln der Menschen von Verantwortung getragen ist. Eine solche Indikatorfunktion spielen wirtschaftliche Effektivität und wissenschaftlich-technische Optimalität. Handlungen, die dem äußeren Anschein nach Merkmale des Verantwortungsvollen tragen — Plankennziffern werden erfüllt, die vorgesehene Leistung erbracht, die Qualität nachgewiesen —, die aber, am Maßstab der Erfordernisse des wissenschaftlich-technischen Fortschritts, an seinem Entwicklungsstand und seinen Möglichkeiten gemessen, uneffektiv, unrationell und mit einem viel zu hohen Aufwand erreicht wurden, können weder aus moralischer noch aus rechtlicher Sicht mit positiven Werten belegt werden, sind nicht von Verantwortung für die Gesamtbelange der sozialistischen Gesellschaft getragen. Der im sozialistischen Zivilrecht formulierte Grundsatz, daß die Ausübung der Rechte — und hinzuzufügen ist die Wahrnahme der Pflichten — *stets entsprechend ihrem gesellschaftlichen Inhalt und ihrer sozialen Zweckbestimmung erfolgen muß, bildet u. E. den Kern der Prüfung von Verantwortung und Verantwortlichkeit im sozialistischen Recht insgesamt.*

Als verantwortungsvoll wird in der sozialistischen Gesellschaft und im sozialistischen Recht die Entscheidung und Handlung eines Menschen dann gewertet, wenn

— er als Träger der politischen Macht, als bewußter Gestalter des Lebens der Gesellschaft durch schöpferisches Wirken in der Gemeinschaft und für die Gemeinschaft seine Persönlichkeit entfaltet (Art. 19 der Verfassung);

— in den Entscheidungen und Handlungen der Menschen die Gesamtbelange der sozialistischen Gesellschaft berücksichtigt werden und so Verantwortung für das Ganze wahrgenommen wird (Art. 3 der Verfassung);

— die Arbeitspflichten mit Initiative und Umsicht wahrgenommen werden (§ 80 AGB), die Erschließung volkswirtschaftlicher Reserven, die Einsparung von Material und Rohstoffen und ähnliche volkswirtschaftliche Leistungen erbracht werden (§ 120 AGB) und sich der Werktätige aus gesellschaftlicher Verantwortung dafür einsetzt, im Interesse des Betriebes Schäden zu verhüten, zu mindern oder Gefahren abzuwehren (§ 271 AGB);

— die den Bürgern und Betrieben gewährten Rechte entsprechend ihrem gesellschaftlichen Inhalt und ihrer Zweckbestimmung ausgenutzt werden (§ 152 ZGB), in Übereinstimmung mit den Grundsätzen der sozialistischen Moral bei der Verhütung von Schäden und der Abwehr von Gefahren aktiv gehandelt wird (§ 323 ZGB) und entstandener Schaden nicht schuldhaft verursacht worden ist (§ 333 ZGB);

— das Handeln der Werktätigen darauf gerichtet ist, einen maximalen Beitrag zur Erhöhung des materiellen und kulturellen Lebensniveaus des Volkes auf der Grundlage eines hohen Entwicklungstempos der sozialistischen Produktion, der Erhöhung der Effektivität, des wissenschaftlich-technischen Fortschritts und des Wachstums der Arbeitsproduktivität zu leisten (§ 1 der VO über die Aufgaben, Rechte und Pflichten der VEB, Kombinate und VVB);

— die Landschaft und ihre Reichtümer sinnvoll und rationell genutzt werden, aus der Tätigkeit der Betriebe eine Beeinträchtigung der natürlichen Umwelt weitestgehend ausgeschlossen wird und die Lebensbedingungen der Bürger, die Landschaft und die Volkswirtschaft nicht durch Abprodukte, ihre Aussonderung und ungeordnete Ablagerung beeinträchtigt werden (§§ 7 und 32 des Landeskulturgesetzes);

— die Handlung vorgenommen wird, um einen bedeutenden volkswirtschaftlichen Nutzen herbeizuführen oder einen bedeutenden Schaden abzuwehren und der Handelnde eine allseitige und umsichtige Prüfung und Abwägung aller die Handlung betreffenden Umstände vornahm (§ 169 StGB).

Es sind — dies wird im Lichte der von einigen Rechtszweigen gesetzten Maßstäbe für verantwortungsvolles Handeln sichtbar — vielfältige Kriterien, die in ihrer Einheit und in ihrem dialektischen Zusammenwirken eine komplexe soziale und rechtliche Wertung von Entscheidungen und Handlungen der Menschen ermöglichen und fordern. Zugleich wird deutlich, *daß Einzelfaktoren nicht in der Lage sind, die Wertigkeit bestimmter Handlungen zu bestimmen und die Frage zu beantworten, ob ein verantwortungsvolles oder im Extrem verantwortungsloses Verhalten vorlag.*

Die Frage nach der sozialen Wertigkeit der Handlung eines Menschen ist zunächst stets die Frage nach den Maßstäben, von denen der objektive Wert einer Sachentscheidung bestimmt wird. Sie ist zugleich die Frage nach dem Anforderungsniveau und seiner Bewältigung im konkreten Handeln des Menschen. Sie ist schließlich die Frage nach den in gesetzlichen Bestimmungen formulierten Rechten und Pflichten, die das Handeln allgemein und in Beziehung auf die konkret zu lösende Aufgabe staatlich-rechtlich leiten und orientieren. Dabei kommt es stets darauf an, die *Gesamtheit* der Rechte und Pflichten *als Einheit* zu beachten. Nicht selten sind auftretende Probleme und auch Widersprüchlichkeiten nur dann in Übereinstimmung mit den Rechtsforderungen insgesamt zu lösen, wenn die sozialen Ziele und Aufgaben rechtlicher Vorschriften in ihrer Komplexität erfaßt werden.

Das qualitativ neue Moment einer von sozialistischem Verantwortungsbewußtsein getragenen Pflichterfüllung besteht u. E. darin, daß die „optimalste" Verhaltensvariante ausgewählt und ihr entsprechend gehandelt wird. Die Optimalität dieser Verhaltensvariante wird „in der höchstmöglichen Übereinstimmung der persönlichen mit den gesellschaftlichen Interessen" gesehen.[28] Damit wird der mögliche und nötige Spielraum für verantwortungsvolle Pflichterfüllung und für die Wahrnahme von Rechten zutreffend gekennzeichnet. Es gibt in der sozialistischen Gesellschaft und bei der Lösung von Aufgaben des wissenschaftlich-technischen Fortschritts kaum jemals *die einzig richtige*, verantwortungsvolle und rechtlich zu akzeptierende Entscheidung und Handlung. In der Regel gibt es stets *mehrere mögliche*, rechtlich zu akzeptierende und auch verantwortungsvoll zu nennende Verhaltensvarianten. Gerade die Entscheidungen und Handlungen, die schöpferischen Charakter tragen und gewissermaßen von vornherein die Möglichkeit eines wenigstens partiellen Fehlschlagens in sich enthalten, verlangen vom sozialistischen Recht einheitliche, künftiges Handeln stimulierende und Verantwortungslosigkeit strikt bekämpfende Positionen und damit grundlegende Orientierungen für künftiges Handeln.

Bradter kommt im Verlaufe einer Analyse zu Maßstäben für moralisches Handeln unter Zugrundelegung Leninscher Überlegungen zu Schlußfolgerungen, die u. E. für das sozialistische Recht gleichermaßen von grundlegender Bedeutung sind. Sie müssen bei der Rechtssetzung, wesentlich aber im Prozeß der Rechtsverwirklichung, voll beachtet werden. „Ob das Verhalten der Persönlichkeit den Forderungen der sozialistischen Moral entspricht oder nicht, kann nur im Ergebnis einer vielseitigen Analyse des Verhaltens festgestellt werden. Der moralische Gehalt eines gegebenen Verhaltens ist nicht identisch mit seinem Erfolg ... Offensichtlich kann also der unmittelbare Erfolg nicht dazu dienen, den persönlichen Sinn, den der Handelnde in sein Verhalten hineinlegt, auszuweisen. Er kann auch nicht das Sozial-Bedeutsame daran kenntlich machen. Der unmittelbare Erfolg der Handlung kann deshalb moralisch weder für den einzelnen als Rechtfertigungsgrund seines Verhaltens herangezogen werden, noch kann ein solcher Erfolg oder Mißerfolg für die Gemeinschaft als Maßstab für die Bewertung des Verhaltens fungieren ... Lenin spricht davon, daß nur Unwissenheit und grenzenlose Ignoranz oder eine böswillige, heuchlerische Verteidigung der Interessen der Reaktion der Grund dafür sein kann, daß man ‚einen einzelnen Revolutionär, die Bedeutung seines Wirkens vom Standpunkt der nach außen hin vergeblichen, häufig nutzlosen Opfer, die er gebracht hat, beurteilt'."[29]

Sicher sind Aussagen und Feststellungen hervorragender Menschen zu historischen Ereignissen, ist ihr Opfermut sachbezogen auch auf Probleme der unmittelbaren Gegenwart zu beziehen. Es ist u. E. eine grundlegend richtige Feststellung, daß das Sozial-Bedeutsame menschlicher Handlungen nur dann wirklich umfassend erkannt und gefördert werden kann, wenn es in seiner Bedeutung für den gesellschaftlichen Fortschritt gesehen und als Beitrag zur Entwicklung der Gesellschaft gewertet wird. Wertungen nimmt die sozialistische Moral und nimmt das sozialistische Recht vor. Unabhängig davon, welche spezifische soziale Funktion die verschiedenen Rechtszweige in der sozialistischen Gesellschaft zu erfüllen haben, ist dem sozialistischen Recht gemeinsam, daß es das Handeln der Menschen, das dem gesellschaftlichen, sozialen und wissenschaftlich-technischen Fortschritt dient, fordert, fördert, gutheißt. Die Ausübung der übertragenen Rechte und Pflichten in der Weise, daß eine höchstmögliche Übereinstimmung von gesellschaftlichen und persönlichen Interessen erzielt wird und damit Ausübung der Rechte und Erfüllung der Pflichten entsprechend ihrem gesellschaftlichen Inhalt und ihrer Zweckbestimmung, ist u. E. der Kern der Prüfung von Verantwortung und Verantwortlichkeit im sozialistischen Recht insgesamt. Wie beispielsweise dem Kraftfahrer neben eindeutigen konkreten Verhaltensregeln generelle Maßstäbe für sein Handeln namentlich in mehrdeutigen oder komplizierten Situationen gegeben sind, die seine Verantwortung zur Vermeidung von Schäden und Gefahren für sich und andere betreffen, so gelten in allen Sozialbereichen moralische und rechtliche Grundnormen. Sie regeln die Beziehungen der Menschen, die Anforderungen an ihre Verantwortung bei der Lösung von Aufgaben im Arbeits- und Schaffensprozeß und bei der Gestaltung von Beziehungen im persönlichen Bereich. Dies ist u. E. Ausdruck sozialistischer Gerechtigkeit, die dem schöpferischen Wesen des Menschen Rechnung trägt, seinem Drang nach neuen Erkenntnissen, seiner ihm in der sozialistischen und kommunistischen Gesellschaft obliegenden Verpflichtung, die stete Weiterentwicklung dieser Gesellschaft schöpferisch mitverantworten zu müssen.

Die sachliche Fundiertheit der Entscheidungen und Handlungen der Menschen, die den wissenschaftlich-technischen Höchststand zum integrierten Bestandteil hat, sowie die konsequente Berücksichtigung gesamtgesellschaftlicher Erfordernisse und Interessen bilden grundlegende objektive Anforderungen an verantwortungsvolles Handeln. Die subjektiven Anforderungen werden wesentlich dadurch gekennzeichnet, daß eine dem wissenschaftlich-technischen Fortschritt verpflichtete individuelle Zielstellung mit konkretem fachlichem Können und Umsicht verwirklicht wird. Dazu gehört, daß die mit der Handlung verbundenen Wirkungen, die möglichen positiven und negativen Konsequenzen und deren wahrscheinlicher Eintritt bedacht, Maßnahmen zur Sicherung des angezielten Ergebnisses vorgesehen und ergriffen werden und all diejenigen Handlungen unterlassen werden, die nicht mehr persönlich steuerbar und positiv beeinflußbar sind.

Wirtschaftliche, wissenschaftlich-technische und andere Entscheidungen und Handlungen zur Hebung des materiellen und kulturellen Lebensniveaus des Volkes, zur Lösung von Aufgaben des wissenschaftlich-technischen Fortschritts und seiner Verbindung mit den Vorzügen des Sozialismus, zur optimalen Nutzung aller gesellschaftlichen Potenzen bei der bewußten Verwirklichung des historischen Fortschritts sind ihrem Wesen und ihrer gesellschaftlichen Zielfunktion entsprechend geeignet, ein allgemeines Anforderungsniveau an Wesen und Charakter verantwortungsvollen Verhaltens zu charakterisieren. Werden die grundlegenden objektiven gesellschaftlichen Erfordernisse in Einheit mit den subjektiven Handlungsanforderungen zum allgemeinen Wertmaßstab menschlichen Handelns, so gelingt es zunehmend besser, den tatsächlichen Beitrag des einzelnen Menschen und der Kollektive zur Entwicklung der Gesellschaft zu erkennen und ihr Verhalten an den geschichtlich entscheidenden Aufgabenstellungen auszurichten. Zugleich wird dadurch erreicht, daß Scheinaktivitäten, Verharren in überholten Positionen, unschöpferische Verhaltensweisen und Handlungen des „Absicherns“ und „Abschiebens“ jeglicher Verantwortung rascher erkannt und ausgemerzt werden können.

Dieser Maßstab ist für die moralische und rechtliche Wertung von schöpferischen Handlungen von großer Bedeutung. Gleichzeitig ist er für die Entwicklung des Verständnisses, was Verantwortung und verantwortungsvolles Handeln in der sozialistischen Gesellschaft bedeutet, von allgemeiner bewußtseinsbildender Wirkung. Nicht selten ist dieses Verständnis einseitig orientiert; häufig wird von der Größe des äußeren Erfolges das „Maß an Verantwortung“, welches das Handeln bestimmte, abgeleitet. Dies ist natürlich, zumal hervorragende Leistungen in der Regel ein hohes Maß an Verantwortung ausdrücken. Insofern besteht zweifellos eine innere Beziehung zwischen Handlungsresultat und Verantwortungsgröße. Diese Beziehung schöpft jedoch nicht die volle Dialektik zwischen verantwortungsvollem Handeln der Menschen und erzielten Resultaten aus. Sie führt zu einseitigen und sogar fehlerhaften rechtlichen Wertungen, wenn etwa davon ausgegangen wird, daß bestimmte negative Resultate originär mit weniger Verantwortung oder schlechthin mit Verantwortungslosigkeit verbunden wären.

Es ist u. E. für die Feststellung des sozialen Wertgehaltes von Verhaltensweisen und namentlich solchen schöpferischen Gehalts von prinzipieller Bedeutung, den vom IX. Parteitag entwickelten Grundsatz konsequent durchzusetzen, stets „auf kommunistische Art und Weise an die Beurteilung der Plankennziffern heranzugehen und genau zu analysieren, worin die wirklichen Ursachen für ihre Erfüllung *bzw.* Nichterfüllung liegen. Die Parteiorganisationen und die verantwortlichen Staats- und Wirtschaftsorgane sollten eine strengere Kontrolle darüber ausüben, *wie* die Erfüllung des Produktionsplanes zustande gekommen ist. Wo dies auf Kosten einer nicht dem Bedarf genügenden Produktion oder der Qualität geschehen ist, sollten entsprechende Schlußfolgerungen für die Beurteilung der Leistungen gezogen und Maßnahmen zur Veränderung eingeleitet werden. Das sind bereits schon nicht mehr allein Fragen der Gestaltung der Kennziffern und der Abrechnung, sondern Fragen des gesellschaftlich verantwortungsbewußten Handelns."[30] Diese Position ist für die Entscheidung der Frage, ob allseitig verantwortungsbewußt gehandelt oder ob leichtfertig, nachlässig oder gar verantwortungslos verfahren wurde, gleichermaßen von hervorragender Bedeutung. Gesellschaftlich verantwortungsbewußtes Verhalten der Werktätigen in der sozialistischen Volkswirtschaft heißt, daß der wissenschaftlich-technische Fortschritt durchgängig und mit hohem gesellschaftlichem Effekt verwirklicht wird. Es bedeutet, daß gesamtwirtschaftliche Überlegungen und Maßstäbe die Entscheidungen und Handlungen der Leiter und aller Werktätigen bestimmen und egoistische Bestrebungen auf Kosten der Gesellschaft ausgeschlossen werden. Verantwortungsvolles Handeln bedeutet, daß Reserven erschlossen werden, mit Material und Zeit sparsam umgegangen wird und allenthalben solche Lösungen angestrebt werden, die für den Betrieb oder das Kombinat, den Industriezweig und die ganze sozialistische Gesellschaft gleichermaßen vorteilhaft sind.

Man kann demgegenüber nicht von einer verantwortungsvollen Arbeit eines für den wissenschaftlich-technischen Fortschritt verantwortlichen Leiters z. B. dann sprechen, wenn er zuläßt, daß hoffnungslos veraltete Produkte weiter produziert werden; man kann nicht von einer Erfüllung der übertragenen Rechte und Pflichten sprechen, wenn zwar ein funktionsfähiges Gerät entwickelt und gebaut wurde, dieses aber in der Praxis nicht benötigt wird; eine verantwortungsvolle Entscheidung und Handlung liegt auch dann nicht vor, wenn zugunsten einzelner Bereiche gesellschaftliche Notwendigkeiten außer acht gelassen und neue internationale Erkenntnisse einfach ignoriert werden. Rechtlich sind dies Fragen der Pflichterfüllung oder Pflichtverletzung im Arbeitsprozeß, Fragen qualitätsgerechter Leistung oder, um es aus strafrechtlicher Sicht zu bestimmen, Verhaltensweisen, die ihrem sozialen Wesen nach Vertrauensmißbräuche sind, weil unwiderlegbar Vertrauen und Verantwortung mißbraucht wurden.

Diese Position verlangt natürlich, daß auch neue Aspekte und Erfordernisse, die dem wissenschaftlich-technischen Schaffensprozeß direkt eigen sind, vom sozialistischen Recht stärker berücksichtigt werden. Das den Entscheidungen und Handlungen zur Durchsetzung des wissenschaftlich-technischen Fortschritts immanente Schöpfertum z. B. darf nicht dann, wenn es mit negativen Resultaten verknüpft ist, rechtlich abgewertet werden; Rechte und Pflichten müssen Disponibilität gewähren, und Verantwortlichkeiten sollen dort und nur dort eintreten, wo pflichtwidrig und *verantwortungslos* gehandelt wurde; *einheitliche* Maßstäbe rechtlicher Verantwortlichkeit müssen einsetzen, wo nichterfüllte Pflichten oder nicht wahrgenommene Rechte festgestellt werden. Die immer wieder festgestellte Situation, daß wohl der Anlagenfahrer, der einen materiellen Schaden verursacht hat, rechtlich zur Verantwortung gezogen wird, weniger jedoch der Leiter, der eine weittragende wissenschaftlich-technische Fehlentscheidung traf, hat u. E. ihre Ursache auch darin, daß in zu geringem Maße die jeweiligen Verantwortungsinhalte als Maßstab für den Eintritt rechtlicher Verantwortlichkeit gelten, als vielmehr vordergründige Parameter, wie sichtbarer unmittelbarer Schaden, sichtbare und offenkundige Pflichtverletzungen und anderes mehr.

Große Rechte sind mit großen Pflichten verbunden. Diese vom XXIV. Parteitag der

KPdSU betonte Feststellung verlangt, daß Pflichtwidrigkeiten und juristisch feststellbare Pflichtverletzungen, wie etwa

— die verantwortungslose Verzögerung in der Überleitungsphase,

— das Nichtorientieren am wissenschaftlich-technischen Höchststand,

— die Entscheidung für risikolose Einzelthemen anstelle real möglicher, anspruchsvoller Zielstellungen,

— die Verzögerung im Entwicklungsprozeß, obwohl reale Möglichkeiten und wirtschaftliche Erfordernisse z. B. ein Überspringen von Entwicklungsstufen gestatten, auch als solche ausgewiesen und mit klaren rechtlichen Konsequenzen versehen werden. Es geht, worauf prinzipiell auf dem XXIV. Parteitag der KPdSU verwiesen wurde, um die volle gesellschaftliche Beherrschung der Dialektik zwischen objektiv Notwendigem und subjektiv verantwortungsvoll zu Verwirklichendem, um die Übertragung solcher Rechte und Pflichten an die Menschen, die sie in optimaler Weise zu verwirklichen in der Lage und für deren optimale Erfüllung sie auch verantwortlich sind. „Bei der Vervollkommnung der Leitungsstruktur erachtet es die Partei als wichtig, konsequent das Leninsche Prinzip der Einzelverantwortung für die übertragene Aufgabe durchzusetzen. Wenn ein Beschluß gefaßt wird, muß völlig klar sein, wer dafür die Verantwortung trägt, und genauso klar muß sein, wer die Verantwortung trägt, wenn eine fällige Entscheidung nicht getroffen oder hinausgezögert wird. Auf allen Leitungsebenen muß eine klare Abgrenzung des Umfangs und der Wechselbeziehungen von Rechten und Verantwortlichkeiten vorgenommen werden. Große Rechte bei geringer Verantwortlichkeit schaffen Möglichkeiten für administrative Willkür, Subjektivismus und unüberlegte Entschlüsse. Keinen Deut besser ist große Verantwortung bei geringen Rechten. In einer solchen Lage erweist sich häufig sogar der strebsamste Mitarbeiter als schwach, und es ist schwierig, ihn für die ihm übertragene Aufgabe in vollem Umfange verantwortlich zu machen.“[31]

Für die immer wirkungsvollere Durchsetzung des wissenschaftlich-technischen Fortschritts im täglichen Ringen um die Planerfüllung, dort also, wo die „großen Fragen des notwendigen Leistungsanstiegs, der Voraussetzung für wachsende Bedürfnisbefriedigung und damit der Einheit von wirtschafts- und sozialpolitischen Zielen“[32] ganz konkret hervortreten und optimal zu lösen sind, kommt es insgesamt darauf an, den mit der Verantwortlichkeit verbundenen Fragen stärkere Beachtung zu schenken. Die bekannte Situation, daß auf Fehler im Leitungsprozeß und dadurch verursachte Schäden schwerfälliger reagiert und individuelle Verantwortlichkeit rechtlich nicht in dem Maße durchgesetzt werden, wie dies etwa bei Schäden im unmittelbaren Produktionsprozeß der Fall ist, unterstreicht diese Notwendigkeit. Es geht dabei keineswegs darum, gegenüber irgendjemanden „härter vorzugehen“, sondern es geht schlechthin darum, die Unabwendbarkeit des Einstehen-müssens für schuldhaft verursachte Schäden und Rückschläge konsequent sowohl bei fehlerhaften Leistungsentscheidungen als auch bei der Verursachung einer Havarie im Produktionsprozeß, bei Versäumnissen, Pflicht- und Rechtswidrigkeiten im Projektierungs- und Konstruktionsbereich ebenso wie bei solchen unmittelbar auf der Baustelle zu sichern, *weil nur dadurch* die Funktion und die Möglichkeiten rechtlicher Verantwortlichkeit als Leitungsprinzip voll durchgesetzt werden können.

Es sind u. E. drei Hauptfragen, die aus der Sicht der Verantwortlichkeit prinzipiell theoretisch und praktisch gelöst werden müssen. Erstens geht es darum, das Prinzip der individuellen rechtlichen Verantwortlichkeit, zwar differenziert, jedoch konsequent bei rechts- und pflichtwidrigem Verhalten durchzusetzen. Zweitens ist zu gewährleisten, daß das Prinzip der Verantwortlichkeit von Wirtschaftseinheiten entsprechend ihrer

Stellung im gesellschaftlichen Reproduktionsprozeß konsequent — bis hin zur Haftung in bestimmten Fällen — durchgesetzt wird. Und drittens schließlich ist es unabdingbar, die wechselseitige Durchdringung und „Unabdingbarkeit" der beiden Verantwortlichkeitsformen zu sichern und nicht zuzulassen, die eine auf Kosten der anderen ausgehöhlt und in ihrer gesellschaftlichen Wirksamkeit im Extrem auf Null reduziert wird.

Was die Aufgabe betrifft, die individuelle Verantwortlichkeit als sozialistisches Rechtsprinzip voll zu verwirklichen, so muß man in erster Linie die Vielfalt seiner Erfordernisse sehen und zudem die Probleme seiner Verwirklichung klar erkennen. Es ist natürlich entschieden schwieriger, die fehlerhafte Leitungsentscheidung mit ihren multivalenten Einflußfaktoren in ihrer rechtlichen Qualität und im Hinblick auf individuelle Verantwortlichkeit zu analysieren, als dies etwa bei eindeutigen Pflichtverletzungen im Produktionsprozeß der Fall ist. Wenn dies dann noch auf der Grundlage allgemeiner, unspezifischer und insgesamt liederlicher Bestimmungen und Abgrenzungen der Verantwortungsbereiche zu erfolgen hat, nimmt es kaum wunder, wenn das sozialistische Recht in diesen Fällen seiner politischen Funktion, die Klasseninteressen der Arbeiter- und-Bauern-Macht konsequent durchzusetzen, nicht voll gerecht werden kann.

Bei aller Kompliziertheit der rechtlich zu erfassenden Prozesse und bei Beachtung der Tatsache, daß wirtschaftliche Prozesse und Beziehungen, die den wissenschaftlich-technischen und wirtschaftlichen Fortschritt betreffen, stets mit vielfältigen Unbestimmtheitscharakteristika zu rechenen haben — unter Berücksichtigung all dieser objektiven Zusammenhänge bleibt indes die Feststellung, daß hier ein hohes Maß an Verantwortung und strikte Verantwortlichkeiten reale Forderungen zum Ausdruck bringen und realisierbar sind.

Gerade der Prozeß wirtschaftlicher Entscheidungsfindung zeigt, daß sehr wohl wissenschaftliche Prinzipien und unabdingbare Sachanforderungen jede Entscheidung grundlegend determinieren und in allen den Fällen, in denen negative Resultate eintreten, dem klar ausweisbare Ursachen und Bedingungen zugrunde lagen. Friedrich weist in Verallgemeinerung von Untersuchungen auch anderer sozialistischer Länder nach, daß unkontinuierliche Informationssammlung und Analyse, Voreingenommenheit hinsichtlich der Wertung der Informationen, Suche nach den „einfachsten Lösungen", Schwächen im Rahmen der Entscheidungsvorbereitung insbesondere dergestalt, daß Alternativen nicht erst ins Auge gefaßt werden, unklare Vorstellungen über die Struktur eines Entscheidungsproblems und ähnliche Mängel das Zustandekommen von wirtschaftlichen Fehlentscheidungen bewirken.[33] Daraus folgt, daß Verantwortlichkeiten stets dann und an den Stellen einsetzen müssen und können, wo pflichtwidrig versäumt wurde, etwa mit wissenschaftlich-technischen Informationen sorgfältig zu arbeiten; wo „einfachste Lösungen" teuerste Lösungen und nicht den wissenschaftlich-technischen Möglichkeiten real Rechnung tragende Lösungen sind; wo reale Alternativen einfach übersehen oder pflichtwidrig gar nicht erst ermittelt wurden und damit Grundpflichten des Arbeitsrechtsverhältnisses des dafür Verantwortung Tragenden verletzt wurden. Rechts- und Pflichtwidrigkeiten müssen daher prinzipiell als solche erfaßt und sowohl unter Gehalts- und Prämienaspekten als auch aus der Sicht kompromißloser Verantwortlichkeit bei pflichtwidrigem und unverantwortlichem Verhalten auch tatsächlich einheitlich bekämpft werden. Im Kern geht es darum, individuelle Verantwortlichkeit dort konsequent zu verwirklichen, wo der pflichtwidrig Handelnde die reale Möglichkeit hatte, seinen gesellschaftlichen Pflichten bei Anspannung seiner geistigen und physischen Kräfte und unter Beachtung und Zugrundelegung der seiner Stellung und Funktion entsprechenden Verantwortung und damit den an ihn zu stellenden gesellschaftlichen Anforderungen voll gerecht zu werden.

Wir hatten es zweitens als besonders wichtig bezeichnet, daß das Prinzip der Verantwortlichkeit der Wirtschaftseinheiten gleichermaßen strikt verwirklicht wird und auch in stärkerem Maße rechtliche Haftungsgrundsätze fixiert und durchgesetzt werden. Die Verantwortung der Betriebe und Kombinate für eine allseitige, qualitativ hochstehende und insbesondere die Vorzüge der sozialistischen Gesellschaftsordnung für die Durchsetzung des wissenschaftlich-technischen Fortschritts voll ausschöpfende Erfüllung und Überführung der Planaufgaben umfaßt auch das Einstehenmüssen für Pflichtverletzungen. Derartige Pflichtverletzungen werden rechtlich vor allem dann relevant, wenn Verträge nicht oder nicht termin- und qualitätsgerecht erfüllt werden, wenn wissenschaftlich-technische Leistungsparameter nicht erbracht oder die Verwirklichung staatlicher Weisungen pflichtwidrig verzögert oder überhaupt nicht erfüllt werden usw. Sie werden auch in bezug auf den einzelnen Werktätigen praktisch, der etwa minderwertige Gegenstände angeboten erhält und dann mit viel Aufwand erst erreicht, was primäre Pflicht aller ist, jedem Qualität zu liefern.

Die rechtliche Verantwortlichkeit für dem wissenschaftlich-technischen Erkenntnisstand nicht entsprechende Leistungen der Betriebe und Kombinate muß so in die betrieblichen Leitungsprozesse eingreifen, daß Pflichtwidrigkeiten und Fehler in ihrer Gesamtheit disziplinierend — auf das Kollektiv und den einzelnen — wirken; die Folgen der Verantwortlichkeit dürfen nicht als notwendiges Übel „abgehakt“ werden können oder sogar von vornherein einplanbar sein. Sie müssen mit bewirken, daß jeder Betrieb aus eigenem Interesse um höchste Qualität ringt.

Die Verantwortlichkeit der Betriebe und Kombinate für Leistungen, die nicht dem erreichbaren wissenschaftlich-technischen Niveau entsprechen, muß u. E. aber auch insofern stärker wirksam werden, als unbegründete Verzögerungen auf wissenschaftlich-technischem Gebiet, Verharren in herkömmlichen Produktionstechnologien und Scheu vor Verantwortung auf dem Gebiet des wissenschaftlich-technischen Fortschritts allgemein mit spürbaren wirtschaftlichen Nachteilen für den Betrieb verbunden sind und zugleich insbesondere die verantwortlichen Leiter von diesen Nachteilen berührt werden. Dies ist auf der einen Seite durch die Gestaltung von Leitungsbeziehungen möglich, die auch die inhaltlichen Aspekte der Technik-, Technologie- und Wissenschaftsentwicklung der Betriebe und Kombinate stärker zum Gegenstand haben und sichern, daß *besondere Fortschritte spürbar gewürdigt* werden und *besonderes Verharren* im Althergebrachten mit *spürbaren Einbußen* für das gesamte Kollektiv verbunden ist. Auch in dieser Frage kann u. E. nicht an der Tatsache vorbeigegangen werden, daß der wissenschaftlich-technische Fortschritt nur dann wirklich Hauptfaktor der Intensivierung wird, wenn seiner Entwicklung und konsequenten Durchsetzung besondere Aufmerksamkeit gewidmet wird und Leitungsmaßnahmen — darin eingeschlossen Formen der Verantwortlichkeit — durchgesetzt werden, die neue Wege beschreiten.

U. P. Rassochin betont mit Recht, daß beispielsweise die Verantwortung der Leiter für technische Rückständigkeiten des von ihnen geleiteten Betriebes auf Grund von Verzögerungen in der Überleitung wissenschaftlich-technischer Ergebnisse in die Produktion stets strenger sein muß als ihre Verantwortlichkeit für die Nichterfüllung des Produktionsplanes der laufenden Produktion, die nicht mehr den neuesten Erkenntnissen von Wissenschaft und Technik entspricht.[34]

Dies wäre sicher eine Möglichkeit, gerade in der Sphäre der Überleitung einen großen

Schritt nach vorn zu tun. Daß eine solche Leitungsmaßnahme nur wirksam werden kann, wenn zugleich gesichert ist, daß die Stimulierung wissenschaftlich-technischer Neuerungen über den Preis, über Fondszuführungen usw. nach Gesichtspunkten erfolgt, die die speziellen Eigenheiten wissenschaftlich-technischer Leistungen berücksichtigen, die insbesondere auch die Tendenz der revolutionären Veränderung von Wissenschaft, Technik und Technologie einberechnet, liegt auf der Hand. Wenn auf dem IX. Parteitag herausgearbeitet wurde, daß wir „Leidenschaft und persönliches Engagement bei der Vorbereitung und Durchführung der Produktion neuer Erzeugnisse, so wie sie unsere Volkswirtschaft benötigt", brauchen und es daher gilt, „den teilweise noch vorhandenen Erscheinungen, Schwierigkeiten aus dem Wege zu gehen, die Verantwortung für die Einführung neuer Erzeugnisse in die Produktion hin- und herzuschieben, energisch den Kampf anzusagen"[35], so ist dies zugleich ein Auftrag an die Leitungsarbeit insgesamt, diese Ziele wirksam durchzusetzen. Uns scheint, daß klare Verantwortlichkeiten in diesem Prozeß eine bedeutsame Rolle spielen und in ihren vielfältigen Wirkungsmöglichkeiten dazu beitragen werden, daß die „aktive verantwortungsbewußte Einstellung zum wissenschaftlich-technischen Fortschritt und zu seiner ökonomischen Realisierung ... an jedem Abschnitt der Volkswirtschaft"[36] zu einer Haltung der Betriebe und Kombinate, ihrer Leiter und aller Werktätigen wird.

Schließlich möchten wir die wechselseitige Abhängigkeit der verschiedenen Verantwortlichkeitsformen besonders betonen und feststellen, daß die Wirksamkeit jedweder Verantwortlichkeitsform und -art von der Wirksamkeit der Verantwortlichkeit insgesamt bestimmt wird. Diese Feststellung bezieht sich sowohl auf die verschiedenen Formen und Arten individueller Verantwortlichkeit, als auch auf die verschiedenen Formen und Arten kollektiver, d. h. insbesondere betrieblicher Verantwortlichkeit, als auch auf die notwendige und unabdingbare Verbindung zwischen kollektiver und individueller Verantwortlichkeit. Natürlich kann nicht übersehen werden, daß namentlich bei der Durchsetzung des wissenschaftlich-technischen Fortschritts und der diesen Prozeß charakterisierenden Unbestimmtheitselemente das Verantwortlichkeitsproblem, die Verbindung und Verknüpfung der verschiedenen Verantwortlichkeitsformen eine Reihe neuer Fragen aufwerfen, die nicht ohne weiteres auf der Grundlage der traditionellen Grundsätze gelöst werden können. So ist es z. B. durchaus möglich, daß ein Betrieb wohl gegenüber einem anderen Kooperationspartner volle Verantwortlichkeit zu realisieren hat, im Innenverhältnis aber keinerlei individuelle Verantwortlichkeiten zur Rede stehen, da ein wissenschaftlich-technisch völlig gerechtfertigtes Handeln zu gewissen Verzögerungen oder zu partiellen Schäden führte. Es wäre aber gleichermaßen fehlerhaft, individuelle Verantwortlichkeit dann nicht durchzusetzen, wenn insgesamt die Leistungsfähigkeit des Kollektivs nicht oder nur unwesentlich beeinflußt wurde und im Außenverhältnis die Frage des Einstehenmüssens nicht auftaucht. Schließlich ist zu gewährleisten, daß einheitliche rechtliche, moralische und ökonomische Prinzipien auch im Zusammenhang mit der Durchsetzung von Verantwortlichkeitsformen gewissermaßen „quer durch die Rechtszweige" verwirklicht werden, weil nur dann, wenn ein Werktätiger z. B. sowohl arbeitsrechtlich als auch LPGrechtlich, strafrechtlich usw. im Hinblick auf Kriterien und Voraussetzungen individueller Verantwortlichkeit einheitlich behandelt wird, zugleich gesichert ist, daß moralische, materielle und andere Faktoren in der gleichen Richtung wirken und so die Ziele und rechtspolitischen Aufgaben des Prinzips der individuellen Verantwortlichkeit verwirklicht werden können. In analoger Weise gilt dies im Hinblick auf die kollektiven Verantwortlichkeitsformen, wobei u. E. auch in Weiterführung bisheriger Rechtsprinzipien das Einstehenmüssen des Betriebes oder Kombinats für nicht erbrachte, nicht in der vorgesehenen Qualität mögliche Leistungen, auch für Verzögerungen usw. weiter ausgebaut werden sollte. Wenngleich gegenwärtig davon ausgegangen wird, daß ein Betrieb dann verantwortlich ist, wenn er nicht alle ihm zu Gebote stehenden Möglichkeiten zur Verhinderung der Pflichtverletzung ausgenutzt hat und im Regelfall das Vorliegen dieser Voraussetzung als gegeben angesehen wird, so bleibt u. E. die Frage nach dem gesellschaftlichen Interesse am Nachweis einer Pflichtverletzung offen. Aus welchen Gründen ein wirtschaftlicher Kooperations- oder Handelspartner nicht zu leisten vermang, wozu er sich verpflichtete, ist dem Empfänger in aller Regel völlig gleichgültig. Das ist die faktische Situation; zudem folgt aus dem Prinzip des demokratischen Zentralismus und der darin begründet liegenden Eigenverantwortlichkeit der Wirtschaftseinheiten auf der Grundlage zentraler Vorgaben, daß nicht nur alle Rechte voll wahrzunehmen sind, sondern auch alle Pflichten und Risiken, sofern nicht etwa vertraglich anders vereinbart wurde, vom Betrieb oder Kombinat zu tragen sind. Die angezielte und nötige Stabilität in den wirtschaftlichen Beziehungen würde u. E. mit der konsequenten Verwirklichung von Haftungsprinzipien nicht verringert, sondern erhöht werden, weil bestimmte Betriebe und Kombinate weniger nach entschuldigenden Rechtfertigungen suchen würden, als vielmehr konstruktive Anstrengungen unternähmen, um ihren Verpflichtungen auch in angespannten Situationen in optimaler Weise gerecht zu werden. Eine andere Frage ist, ob und inwieweit wirtschaftsleitende Organe unter bestimmten, klar definierten Voraussetzungen leitungsmäßig stärker eingreifen sollten etwa in den Fällen, in denen bestimmte Betriebe und Kombinate besondere Anstrengungen zur Durchsetzung des wissenschaftlich-technischen Fortschritts unternehmen und dabei zeitweise gewisse Einbußen hinnehmen mußten. Einerseits ist es ein grundlegender Irrtum, daß sich Fortschritte in Wissenschaft und Technik stets sofort und uneingeschränkt für denjenigen „auszahlen", der ihre Verwirklichung konsequent betreibt; andererseits steht ebenso eindeutig fest, daß eine echte und umfassende Interessiertheit der Betriebe und Kombinate und ein direkterer ökonomischer Zwang zur Durchsetzung des wissenschaftlich-technischen Höchststandes nur erreichbar sind, wenn die wirtschaftlichen Leistungsbewertungen dem Neuen, Effektiveren den Vorrang einräumen und die Betriebe besser stellen, die den Mut zum Neuen mit Konsequenzen zum Neuen beweisen. Die Maßnahmen des Ministerrates der DDR, für bestimmte weiterentwickelte und neue Erzeugnisse, die mit geringerem Aufwand produziert werden, den Industriepreis längere Zeit unverändert zu belassen, um die erzielten Einsparungen tatsächlich dem Betrieb, dem Arbeitskollektiv und der Volkswirtschaft zugute kommen zu lassen, bilden einen konkreten Weg, um „Leitung, Planung und ökonomische Stimulierung so weiterzuentwickeln, daß sich volkswirtschaftlicher Nutzen und betrieblicher Nutzen noch besser in Übereinstimmung befinden." Notwendig ist, daß die ökonomischen, rechtlichen, auch ideellen Faktoren, die den wissenschaftlich-technischen Fortschritt, sein Tempo und seine Wirksamkeit in der sozialistischen Gesellschaft beeinflussen, so gestaltet werden, daß die Entscheidung für das wissenschaftlich-technisch Effektivere nicht nur auf lange Sicht gesehen, sondern unmittelbar günstig und günstiger für den Betrieb und den einzelnen ist. Wenn im Hinblick auf eine effektivere Wirkung des sozialistischen Wirtschaftsrechts festgestellt wurde, daß vor allem der „Gleichklang aller das Handeln beeinflussenden Faktoren"[37] von großer Bedeutung ist, so gilt dies für die Leitung, Planung und ökonomische Stimulierung des wissenschaftlich-technischen Fortschritts insgesamt. Am Beispiel der Überleitung wissenschaftlich-technischer Ergebnisse in die Produktion wird

u. E. in besonderem Maße die Dringlichkeit und Unabdingbarkeit eben dieses Gleichklanges aller das Handeln beeinflussenden Faktoren sichtbar. Nicht nur unverantwortlich langes Zögern und Hinausschieben der Einführung von wissenschaftlich-technischen Neuentwicklungen treten gegenwärtig noch auf, nicht nur vordergründige betriebliche Sichtweisen behindern diesen Prozeß, und nicht nur eine auch rechtlich u. E. ungenügend entwickelte Konsequenz in der Verantwortlichkeitsfestlegung behindert die schnelle gesellschaftliche Nutzbarmachung wissenschaftlich-technischer Ergebnisse, sondern auch das Nichtvorbereitetsein angrenzender Industriezweige oder der Volkswirtschaft insgesamt, das damit zwangsläufig verbundene Verzögern infolge von subjektiven Widerständen und objektiven Umstellungserfordernissen wirken hemmend auf den Gesamtprozeß ein. Rassochin weist u. E. mit Recht darauf hin, daß damit grundlegende Fragen der Leitungstätigkeit angesprochen sind, die die Einführung der Erkenntnisse von Wissenschaft und Technik hemmen, und zu ihnen gehört „die begrenzte Fähigkeit der Ressortstrukturen, die Produktion zur Lösung der ihr durch die wissenschaftlich-technische Revolution gestellten Aufgaben zu befähigen“[38]. Erforderlich ist, wie dies auf dem XXV. Parteitag der KPdSU klar formuliert wurde, gewisse Tendenzen „zur Naturalwirtschaft und zum Ressortgeist“[39] wirksam zu bekämpfen und dabei zu sichern, daß die wissenschaftlich-technischen und wirtschaftlichen Zielstellungen absoluten Vorrang vor formal-administrativen Zielen und Kennziffern haben. Die weitere Beschleunigung der Einführung von Erkenntnissen und Ergebnissen des wissenschaftlich-technischen Fortschritts ist also auch aus der Sicht der Überleitung wissenschaftlich-technischer Ergebnisse in die Praxis stets mit vielfältigen, aufeinander abgestimmten und miteinander harmonisierenden Erfordernissen verbunden, die in ihrer Wertigkeit durchaus unterschiedlich sein können, nichtsdestoweniger aber niemals außer acht lassen dürfen, daß

— Mängel der ökonomischen Sicherung und Stimulierung der Einführung wissenschaftlich-technischer Erkenntnisse,

— das Fehlen organisatorischer Formen der Kontrolle des technischen Niveaus der Betriebe,

— ein ungenügend entwickeltes System der Rechte und Verantwortlichkeiten der am Prozeß der Überleitung Beteiligten,

— komplizierte Probleme der Koordinierung und Bestätigung technischer Dokumentationen[40]

und viele andere Fragen einer leitungsmäßigen Verbesserung bedürfen und auch mit den spezifischen Mitteln des sozialistischen Rechts wirkungsvoller durchgesetzt werden müssen.

„Das Ziel, das Tempo der Einführung von wissenschaftlich-technischen Erkenntnissen zu beschleunigen und ihre Maßstäbe zu erweitern, muß in der gesamten Gesetzgebung seinen Niederschlag finden, die die Beziehungen in der Volkswirtschaft, in der Wissenschaft sowie im Bereich der Leitung des Staates und der Gesellschaft regeln.“[41]

Natürlich sind — auch neue — Fragen und Probleme der Erhöhung der Verantwortung und der strikten Verwirklichung einheitlicher ökonomischer und rechtlicher Verantwortlichkeitsprinzipien nicht an das Problem der Überleitung allein gebunden. Es zeigt indes in besonders anschaulicher Art und Weise, daß und wie Verantwortungs- und Verantwortlichkeitsfragen Grundfragen der Leitung bedeutender wirtschaftlicher und überhaupt gesellschaftlicher Prozesse sind und daß nicht selten ungenügende Konsequenz dabei zu wirtschaftlichen und gesellschaftlichen Folgen führt, die primär überhaupt nicht als Probleme ungenügender Verantwortung und Verantwortlichkeit erscheinen. Die

Feststellung des IX. Parteitages der SED, daß „Leitungsfragen Fragen der Ausübung der Macht der Arbeiterklasse und ihrer Verbündeten sind, deren Ergebnisse in der Stärkung der ökonomischen Kraft der sozialistischen Gesellschaft zum Ausdruck kommen“[42], gilt auch und in besonderem Maße für die Leitung gesellschaftlicher und wirtschaftlicher Prozesse mit den spezifischen Mitteln des sozialistischen Rechts, und das betrifft im wesentlichen klare Verantwortungsmaßstäbe sowie in der Rechtsverwirklichung die eindeutige und konsequente Realisation von Verantwortlichkeitsprinzipien und -formen.

Wir hatten bereits darauf hingewiesen, daß den Problemen der Verantwortung und Verantwortlichkeit auch deshalb eine erhöhte Aufmerksamkeit zu widmen ist, weil es eine grundlegende marxistisch-leninistische Erkenntnis ist, daß der Mensch niemals *alle* Folgen und Wirkungen seiner Entscheidungen und Handlungen stets voraussehen und beeinflussen *kann*. Es bedarf in diesem Zusammenhang keiner eingehenden Erörterungen, daß und in welchem Maße menschliches Handeln ganz generell Wirkungen hervorbringen kann, die weder voraussehbar noch steuerbar sind und damit von der Verantwortung des Menschen nicht umfaßt werden können. Sowohl erkenntnistheoretische Grenzen als auch zufällige äußere Einflüsse auf das Handeln können bewirken, daß Ergebnisse entstehen bzw. *auch* entstehen, die zum Zeitpunkt der Entscheidung und Handlung nicht vorausbestimmt werden konnten. Ganz im Sinne der dialektisch-materialistischen Widerspiegelungstheorie schrieb Lenin, „daß die Welt den Menschen nicht befriedigt und der Mensch beschließt, sie durch sein Handeln zu verändern“[43]. Die Einheit von Erkenntnis und Praxis wird durch die nie versiegende schöpferische Aktivität des Menschen vermittelt: „Von der subjektiven Idee gelangt der Mensch zur objektiven Wahrheit *durch* die Praxis (und Technik) . . . Im menschlichen Gehirn widerspiegelt sich die Natur. Indem der Mensch die Richtigkeit dieser Widerspiegelungen in seiner Praxis und in der Technik überprüft und anwendet, gelangt er zur objektiven Wahrheit.“[44]

Unter den Bedingungen sozialistischer und kommunistischer Gesellschaftsverhältnisse handeln die Menschen wissenschaftlich begründet, d. h. in Übereinstimmung mit den Gesetzmäßigkeiten von Natur und Gesellschaft, ihr „Handeln (ist) durch eine optimale Annäherung der Resultate an die gesteckten Ziele charakterisiert“[45]. Unter diesen Bedingungen werden einerseits die Handlungsspielräume größer, und andererseits wachsen die Möglichkeiten, die Resultate des Handelns genauer zu antizipieren. Dies ändert jedoch nichts an der Dialektik des Prozesses selbst; es erfordert vielmehr, tiefer in ihn einzudringen und die sich daraus für seine Leitung und Organisation — wesentlich mit rechtlichen Mitteln — ergebenden Konsequenzen verstärkt zu beachten. Sicher gelten diese Forderungen vor allem hinsichtlich solcher menschlichen Handlungen, die schöpferischen Charakter tragen. Es wäre aber verfehlt, sie *ausschließlich* auf diesen Bereich zu beziehen und die vielfältigen Möglichkeiten des Abweichens bestimmter Kausalverläufe von vorgestellten Handlungszielen zu unterschätzen. Einflüsse verschiedenster Art können bewirken, daß im Ergebnis auch relativ einfacher Handlungen Resultate eintreten, die im Handlungs- und Zielprogramm nicht enthalten waren und nicht enthalten sein konnten.

Für das sozialistische Recht folgt auch aus dieser Tatsache, daß im Hinblick auf *individuelle* Verantwortlichkeitsprüfungen jegliche Rudimente bloßer Haftung ausgeschlossen und hinsichtlich der Verantwortlichkeit von Kollektiven, vor allem von Betrieben und Kombinaten, differenzierte Formen der Verantwortlichkeit, unter anderem auch der Haftung ohne Verschulden, festgelegt und verwirklicht werden. Insgesamt bleibt festzuhalten: Die erzieherische und eindeutig orientierende Einflußnahme des sozialistischen

Rechts auf das Verhalten der Menschen zur Durchsetzung des wissenschaftlich-technischen Fortschritts und bei der schöpferischen Lösung der Aufgabenstellungen ist originär mit der Frage verbunden, welches Handeln als verantwortungsvoll zu werten ist und welche einheitlichen sozialistischen Rechtspositionen derartige Verhaltensweisen zu stimulieren, zu sichern und zu schützen haben. Zweifellos ist die moralische und rechtliche Wertung menschlicher Entscheidungen und Handlungen anhand der *historisch* entscheidenden Parameter ungleich komplizierter als eine vornehmlich resultatsorientierte Sichtweise. Indes ist die strikte Verwirklichung sozialistischer Prinzipien von Verantwortung, Verantwortlichkeit und Schuld, die stets die dialektischen Beziehungen zwischen den objektiv-sachlichen Erfordernissen und den persönlichen Leistungskomponenten — Wissen, Fähigkeiten, Einstellungen, Überzeugungen, Charaktereigenschaften u. a. — zu berücksichtigen hat, nur auf diesem Wege möglich.

3. Riskantes Handeln als besondere Erscheinungsform schöpferischen Handelns

Unter den Bedingungen des gesellschaftlichen Eigentums an den Produktionsmitteln gewinnt die Problematik riskanten Handelns in der Produktion, in der Forschung sowie überhaupt im Leben der Menschen völlig neue Aspekte. Sie wirft neue Fragestellungen auf und bekommt neue Dimensionen, da erst unter diesen Verhältnissen tatsächlich „in breitem Maße, wahrhaft für die Massen, die Möglichkeit geschaffen (wird), Unternehmungsgeist, Wettbewerb und kühne Initiative zu entfalten“[46].

Der Kampf der Massen um die Steigerung der Arbeitsproduktivität als das letztlich entscheidende Faktum für den endgültigen Sieg der neuen Gesellschaftsordnung ist untrennbar verbunden mit der Entwicklung und dem Einsatz ihres Schöpfertums, auch ihres Wagemutes, ihrer „kühnen Initiativen“ für die Lösung der Aufgaben des wissenschaftlich-technischen Fortschritts. Zugleich ist es ein bedeutsames Kennzeichen sozialistischer Demokratieentwicklung, daß immer mehr Menschen bewußt und verantwortungsvoll an der Gestaltung der entwickelten sozialistischen Gesellschaft, ihrer produktiven und produktionsvorbereitenden Bereiche gleichermaßen teilnehmen und um höchste Effektivität in der Arbeit ringen. Beide Faktoren hat das sozialistische Recht wesentlich zu unterstützen. Es muß sichern, daß die aus der Einmaligkeit herausgehobene Initiativbereitschaft großer Menschengruppen umfassend Realität werden kann, d. h., daß die rechtlichen Formen und Gestaltungsmöglichkeiten zur zielgerichteten Entwicklung schöpferischer Leistungen genutzt werden. Die planmäßige Entwicklung und Stimulierung der Neuererbewegung ist ein markanter, keineswegs jedoch der einzige Bereich rechtlicher Einflußnahme auf diesen Prozeß. *Es geht im Kern darum, die sozialistischen Rechtsprinzipien in ihrer Totalität so zu gestalten, daß schöpferischen Charakter tragende Leistungen und Initiativen eine positive gesellschaftliche Wertung erfahren und zu neuen Leistungen anspornen.* Zugleich sind eindeutige Grenzen zu markieren, innerhalb derer Entscheidungen gesellschaftlich wertvoll, mögliche Resultate und Wirkungen akzeptabel, Gefährdungen tolerierbar und individueller Wagemut positiv zu werten sind. Damit wird das Problem des zulässigen Risikos in seiner grundsätzlichen gesellschaftlichen und rechtlichen Bedeutung offenbar.

Die originäre Verbindung der wissenschaftlich-technischen Revolution mit wirtschaftlichen und wissenschaftlich-technischen Entscheidungen, die Neuland betreffen, der mit „dem wissenschaftlich-technischen Fortschritt verbundene Neuerungsprozeß und der Strukturwandel der Produktion und des Bedarfs bewirken, daß die Entscheidungen risikovoller werden. Dieses Risiko in tragbaren Grenzen zu halten, muß ein wesentliches Anliegen qualifizierter Entscheidungsvorbereitung sein.“[47]

Im und mit dem wirtschaftlichen Entscheidungsprozeß — der „Volkswirtschaftsplan selbst ist ein System von Entscheidungen“[48] — vollzieht sich die sachliche Leitung und Gestaltung des wissenschaftlich-technischen Fortschritts, sind schöpferische Lösungen auf wirtschaftlichem, wissenschaftlich-technischem und sozialem Gebiet gleichermaßen erforderlich. Jede wirtschaftliche Entscheidung ist das Resultat konkreter Erfordernisse, verfolgt bestimmte Ziele und gründet sich auf vielfältige objektive und subjektive Entscheidungsbedingungen. Erfolg oder Mißerfolg der Entscheidungen wird wesentlich von der Qualität der Vorbereitung, ihrer sachgerechten Durchführung, der umsichtigen Abwägung verschiedener Interessen und Erfordernisse und der verantwortungsvollen Nutzung mannigfacher Entscheidungshilfen bestimmt. Das heißt, jede wirtschaftliche Entscheidung und Handlung verlangt eine sachliche Analyse der Ausgangssituation, ihre Synthese. Sie erfordert die Ausarbeitung von Lösungsvarianten, die Ermittlung von Konsequenzen, die Ausarbeitung und Auswahl von Entscheidungskriterien, die Bewertung der Varianten, den Vergleich der Varianten und schließlich die Entscheidungsfällung. Diese Faktoren werden insgesamt als tragfähige Teile, Etappen und Elemente[49] des Entscheidungsprozesses angesehen. Damit sind sie der sozialen und rechtlichen Bewertung zugänglich. Die Qualität wirtschaftlicher Entscheidungen hängt insgesamt also wesentlich davon ab, daß ein optimales Zusammenspiel zwischen objektiven und subjektiven Faktoren erfolgt und sowohl hohe Sachkunde als auch hohes politisches Verantwortungsbewußtsein, gepaart mit Mut zum Risiko und zur Übernahme erhöhter Verantwortung, in die Entscheidung und Handlung einfließen. Das wird auch von sowjetischen Autoren unterstrichen. Tichomirow betont solche Elemente, wie Kompetenz und Sachkunde, Bereitstellung und effektive Nutzung der erforderlichen Informationen, die begründete Auswahl des Problems, des Ziels und der Mittel für die Entscheidung, die Ausarbeitung und Bewertung von Varianten der Entscheidung und ähnliche Faktoren.[50] Die Entscheidung selbst ist jener Akt, „der durch Auswahl die Alternativstruktur der Situation aufhebt“[51], d. h., aus einem gegebenen Feld von Verhaltensalternativen wird jene ausgewählt, für die man sich *entschieden* hat. Damit originär verbunden ist das subjektive Anstreben eines Nutzens. Er ist für den Handelnden aus unterschiedlichen Gründen von besonderem Interesse und Wert. Für dessen Erreichung setzt er bestimmte Mittel und Methoden ein. Schließlich bilden die Realisierungseinschätzung der gewählten Verhaltensweisen, d. h. die Einschätzung der Wahrscheinlichkeit, mit der ein bestimmter Nutzen für den Handelnden eintritt, sowie die Abschätzung der Eintrittswahrscheinlichkeit negativer Folgen bedeutsame Merkmale jeder Entscheidung.

Die *Risikoentscheidung* ist gleichermaßen durch diese generellen Elemente gekennzeichnet. Zugleich ist sie aber wesentlich durch das Element des Schöpferischen und Ungewissen charakterisiert, d. h. durch einen hohen „Freiheitsgrad an möglichen Lösungen“, durch zielgerichtetes „Neukombinieren und Umstrukturieren“, durch Originalität, Seltenheit, Erst- oder Einmaligkeit der Lösungen und ähnliche Faktoren mehr. Das Schöpferische der Risikoentscheidung und das Riskante in schöpferischen Entscheidungen bilden die beiden Seiten ein und derselben Sache: das dem Schöpfertum eigene Quantum an Ungewißheit im Hinblick auf seine Resultate, das ihm eigene Quantum an Realismus im Hinblick auf Bisheriges, der nur ihm eigene Maßstab für Wert oder Unwert der Leistung.

Die Durchsetzung des wissenschaftlich-technischen Fortschritts schließt schöpferisch-riskante Entscheidungen und Handlungen ebenso ein, wie dies im Rahmen des Produktionsprozesses sowie in anderen Bereichen des gesellschaftlichen Lebens der Fall ist. Es sind im Kern die gleichen Erfordernisse und Kriterien, die eine Entscheidung und Handlung auf dem Gebiet von Forschung und Entwicklung, bei der Überleitung ihrer Ergebnisse in die Produktion, bei bestimmten Investitionen usw. als schöpferisch-riskant charakterisieren, wie sie bei Entscheidungen und Handlungen etwa zur Sicherung der Produktion, ihrer Kontinuität und Stabilität, zum Schutz wirtschaftlicher Güter vor drohenden Gefahren und Schäden oder zur Abwendung von Angriffen charakteristisch sind. Es treten im wesentlichen zwei große Kategorien von schöpferisch-riskanten Entscheidungen und Handlungen auf, und zwar

1. Wirtschafts-, Forschungs- und Entwicklungsrisiken, wenn neue wirtschaftliche, wissenschaftlich-technische und technologische Erfordernisse und Aufgaben auf neue, effektivere Art und Weise gelöst werden bzw. gelöst werden sollen, und

2. Handlungserfordernisse mit Risikoelementen, die im wesentlichen auf die Beseitigung von Störungen, auf den Schutz der sozialistischen Volkswirtschaft, des sozialistischen Eigentums usw. gerichtet sind bzw. unmittelbar praktische Aufgaben und Anforderungen des Produktionsprozesses betreffen.

Vereinfacht betrachtet, stellt sich die Entscheidungssituation beim Risiko in ihrem grundsätzlichen Charakter wie folgt dar:

1. Die riskante Handlung wird notwendig, weil das Erfordernis und die Möglichkeit neuartiger wissenschaftlich-technischer, wirtschaftlicher und anderer Leistungen und damit der Schaffung wirtschaftlicher Werte in neuer Dimension bestehen.

Risiko: Es ist ungewiß, ob durch die Handlung der gewünschte wirtschaftliche oder ein anderer gesellschaftlicher Nutzen herbeigeführt werden kann.

2. Die Handlung wird notwendig, weil bei ihrer Unterlassung auf jeden Fall ein Schaden eintritt oder die reale Möglichkeit eines Schadenseintritts besteht.

Risiko: Es ist ungewiß, ob durch diese Handlung tatsächlich der drohende Schaden abwendbar ist oder der Schadenseintritt verhindert werden kann.

Aus der Sicht eines VEB lassen sich in Übereinstimmung mit A. Walther und W. Adam klassifizieren:

— Risiken, die sich aus der Planungs- und Leitungstätigkeit des VEB ergeben, z. B.: Risiken aus der Bedarfsforschung; Risiken aus der Kapazitätsermittlung, -nutzung und -entwicklung; Risiken auf dem Gebiete der Investitionstätigkeit; Risiken im Rahmen der Fondsverfügungen u. a. m.

— Risiken, die mit der unmittelbaren Produktionstätigkeit verbunden sind, z. B.: Risiken der Technologie und der Fertigung im Betrieb; Risiken der Qualitätsentwicklung der Erzeugnisse; Risiken des Materialeinsatzes; Risiken der Erzeugnis- und Verfahrensforschung;

— Risiken aus Vertragsbeziehungen, z. B.: Risiken aus Lieferungen und Leistungen; Risiken aus sonstigen kooperativen Beziehungen u. a. m.[52]

Wie auch immer man versucht, die Erscheinungsformen des Risikos detailliert zu erfassen und zu klassifizieren, um eine gewisse Übersichtlichkeit zu erreichen — letztlich ist ihrerseits der Grundtyp der Entscheidung und Handlung stets der gleiche, und andererseits sind die konkreten Bedingungen und Problemlagen in den verschiedenen Bereichen derart spezifisch, daß es in der Tat weniger bedeutsam ist, vollständige Listen von „Risikoarten" zu erstellen, als vielmehr einheitliche Grundcharakteristika von Entscheidungen und Handlungen riskanten Charakters zu erarbeiten. U. E. kann festgestellt werden, daß schöpferisch-riskantes Handeln im *produktionsvorbereitenden Bereich* auf der einen und im *unmittelbaren Produktionsprozeß* auf der anderen Seite bei im Wesen einheitlichen Bestimmungselementen zugleich einige spezifische Entscheidungs- und Handlungsaspekte besitzt, so daß eine Grobklassifizierung in diese beiden komplexen Bereiche gerechtfertigt und sinnvoll ist. Rechnet man zu den produktionsvorbereitenden Bereichen die verschiedenen Arten der Forschung, die Phase der Entwicklung, der Projektierung, Konstruktion und Überleitung, in gewissen Grenzen auch bestimmte Investitionen sowie die Durchführung von Probebetrieben usw., so sind im unmittelbaren Produktionsprozeß vor allem schöpferisch-riskante Entscheidungen und Handlungen bei Produktionseinführungen und -umstellungen, bei ständigem Umgang mit hochexplosiven Stoffen, im Zusammenhang mit der Wartung und Pflege von in Dauerbetrieb befindlichen Anlagen usw. erforderlich.

In der Produktionsvorbereitung ist stets die Aufgabe der Erkundung und Erarbeitung *neuer* Wege, Verfahren, Technologien usw. *mit dem Ziel der Erhöhung der Effektivität der sozialistischen Volkswirtschaft, mit dem Ziel der Schaffung neuer volkswirtschaftlicher Werte zu lösen.* Dabei sind meist bestimmte Erkenntnis-, Wissens-, Erfahrungs- und Gewohnheitsschranken zu überwinden. Die Aufgabe besteht nicht so sehr darin, neue Beobachtungen zu machen, sondern vielmehr darin, „sich bei ihrer Interpretation von den traditionellen Vorstellungen zu lösen. Seit Kopernikus die Bewegung der Erde und Harvey die Blutzirkulation erkannte, bis zu dem Zeitpunkt, da Einstein den Äther überwand und Planck das Wirkungsquantum postulierte, ging der wirkliche Kampf weniger darum, in die Geheimnisse der Natur einzudringen, als darum, die herrschenden Vorstellungen über den Haufen zu werfen, auch wenn diese zu ihrer Zeit geholfen hatten, die Wissenschaft voranzutreiben“[53] Die Erkundungsforschung z. B. ist Erkenntnissuche in wissenschaftlichem Neuland, bei der kaum von vornherein feststeht, ob sich die investierten, meist sehr hohen Kosten amortisieren. Dennoch ist die Aufwendung großer finanzieller Mittel für diesen Forschungsbereich erforderlich. Das Risiko, einen Teil oder auch die gesamten Mittel erfolglos einzusetzen, ist bei der Erkundungsforschung besonders groß. Diese Problematik spielt auch bei der gezielten Grundlagenforschung eine Rolle, wenngleich hier auf prinzipiell gesicherten, aber noch lückenhaften Erkenntnissen aufgebaut werden kann. Die Zielstellung der Grundlagenforschung, *neue Erkenntnisse zu erschließen, um neue Lösungswege und Anwendungsgebiete zu gewinnen*, beinhaltet aber gleichermaßen riskante Momente im Hinblick auf Realisierung oder Nichtrealisierung der investierten Mittel, die u. U. nutzlos aufgebraucht werden und somit faktisch für die Volkswirtschaft verlorengehen.

Auch im Rahmen der angewandten Forschung sowie bei einer ganzen Reihe von Entwicklungsarbeiten ist es durchaus möglich, daß trotz verantwortungsvollen Handelns ein nur unbefriedigendes wirtschaftliches Ergebnis erzielt wird. Schließlich kann sich bei Forschungs- und Entwicklungsarbeiten herausstellen, daß ein anderes Land eine bestimmte neue technische oder technologische Lösung schneller gefunden hat und daß die eigene Lösung bereits überholt ist, ehe man auf den Weltmarkt kommt. Daß sich die Risiken vergrößern, wenn bestimmte Erprobungsstufen aus Zeit- oder Aufwandsgründen übersprungen werden — und dies ist in der wissenschaftlich-technischen Revolution häufig eine objektive Notwendigkeit —, ist offensichtlich. Friedrich Engels hat in seinem Werk „Dialektik der Natur“ auf die wechselseitige Bedingtheit von theoretischen und praktischen Erkenntnissen hingewiesen: „Bisher (wurde) nur geprahlt, was die Produktion der Wissenschaft verdankt, aber die Wissenschaft verdankt der Produktion unendlich mehr."[54] Engels betont damit die Tatsache, daß letztlich die Produktion die Triebkraft der Wissenschaftsentwicklung ist.

Friedrichs weist darauf hin, daß sowohl im Rahmen der Ausarbeitung der Problem- und Zielstellung (einschließlich der Festlegung der Realisierungsbedingungen), als auch bei der Projektierung der Lösungen sowie bei der Überleitung der Forschungsergebnisse Risiken auf Grund gewisser Unbestimmtheiten unterschieden werden können, so zum Beispiel: „Unbestimmtheiten bei der Problem- und Zielstellung; Unbestimmtheiten bei der Festlegung der Bedingungen der Zielrealisierung (Zeitaufwand, finanzielle materielle Mittel, Kaderbereitstellung, notwendige Zuarbeiten); Unbestimmtheiten im Rahmen der Zielrealisierung, z. B. beim methodischen Vorgehen; Unbestimmtheiten bei der gesellschaftlichen Nutzung der Forschungsergebnisse."[55]

Nicht unbedeutende Risiken sind mit der Überleitung wissenschaftlich-technischer Ergebnisse in die sozialistische Produktion verbunden. In diesem Prozeß treten Erfordernisse schöpferisch-riskanten Entscheidens und Handelns in vielfältiger Form auf, denen insgesamt die Charakteristika riskanter Entscheidungen und Handlungen schlechthin eigen sind.[56]

Eine Quelle für Risiken im Forschungs- und Überleitungsprozeß ist unter anderem das Überspringen von Entwicklungsstufen, wenn dies wirtschaftlich und wissenschaftlich-technisch möglich und gerechtfertigt ist. Die grundlegenden Feststellungen des IX. Parteitages zu dieser Problematik, insbesondere die Hervorhebung der Tatsache, daß wissenschaftlich-technische Leistungen erst dann gesellschaflich wirksam werden, wenn ihre praktische Nutzung gesichert ist, verpflichtet dazu, einen wirkungsvollen Beitrag zur schnelleren Entwicklung, Überleitung und Einführung neuer Ergebnisse von Wissenschaft und Technik zu leisten. Eine Möglichkeit ist dabei zweifellos das sachlich begründete, verantwortungsbewußte Überspringen von wissenschaftlich-technischen Entwicklungsstufen. Auf der Grundlage der in der Nomenklatur für Arbeitsstufen und Leistungen von Aufgaben des Plans Wissenschaft und Technik[57] enthaltenen Etappen für den Ablauf dieses wissenschaftlich-technischen Arbeitsprozesse ist die gesetzliche Möglichkeit gegeben, sachlich begründete und verantwortungsbewußt zu realisierende Entscheidungen zur Verkürzung des Entwicklungs- und Überleitungsprozesses zu treffen. So kann z. B. auf der Grundlage des Funktionsmusters bzw. des klein-technischen Versuchs (K 5/0 bzw. V 5/0) das Erzeugnis bereits in die Produktion überführt werden, wenn Einzelanfertigung oder Kleinserienanfertigung vorgesehen ist. Bei Serienfertigung ist auf der Grundlage des Fertigungsmusters bzw. des großtechnischen Versuchs (K 8/0 bzw. V 8/0) zu verfahren. Großserien- und Massenfertigung können nur dann erfolgen, wenn die Nullserienerprobung erfolgreich abgeschlossen wurde.

Das Überspringen von Arbeitsstufen und Leistungen entsprechend der Nomenklatur Wissenschaft und Technik mit der Zielstellung,

— den wissenschaftlich-technischen Fortschritt zur Lösung volkswirtschaftlich dringender Aufgaben effektiver zu nutzen,

— erhebliche finanzielle Mittel oder notwendiges Material bzw. Fertigungskapazität einzusparen,

— Experimentalbauten bzw. großtechnische Versuchsanlagen wegen des damit verbundenen Zeit- und Materialaufwandes und der Tatsache, daß Risikoelemente sowohl beim Betreiben dieser Anlagen als auch bei sofortiger Überführung kaum wesentlich zu verringern sind, einzusparen, ist damit nicht schlechthin eine wünschenswerte, sondern im Rahmen der den Leitern übertragenen Rechte und Pflichten notwendige und geforderte Variante verantwortungsvoller wirtschaftlicher Entscheidungsfindung. Es geht — wie dies in der genannten gesetzlichen Bestimmung formuliert wird — darum, „ausgehend von den volkswirtschaftlichen Zielstellungen, im Prozeß der Planausarbeitung den zur Lösung einer Aufgabe zweckmäßigsten Arbeitsablauf auf der Grundlage der für die Aufgabe anzuwendenden Teilnomenklatur festzulegen" (§ 2 Abs. 1), und es ist „über die volkswirtschaftlich günstigste Realisierungsvariante und über die mit ihr zu erreichenden Zielstellungen und Anforderungen bzw. über die Beendigung der Aufgabe zu entscheiden" (§ 3 Abs. 2). Den Leitern der Organe und Betriebe ist damit ein erheblicher Dispositionsraum eröffnet, der sichern soll, daß sowohl der Forschungs- und Entwicklungsprozeß selbst als auch der Prozeß der Überleitung der Ergebnisse in die praktische Nutzung mit optimalem Resultat, d. h. insbesondere auch mit optimalem Zeitgewinn erfolgen kann und erfolgt. *Die verantwortlichen Leiter entscheiden in Abhängigkeit von den Produktionsbedingungen darüber, nach welcher der Arbeitsstufen die Ergebnisse der konstruktiven und der verfahrenstechnischen Entwicklung in die Produktion eingeführt werden.*

Ein Beispiel mag die Kompliziertheit der Entscheidungssituation und zugleich die Anforderungen an die realen Entscheidungen und Handlungen verdeutlichen: In einem großen Chemiebetrieb der DDR wurde eine Anlage zur Trennung von Kohlenstoff und Benzin bzw. Dieselkraftstoff in den Probebetrieb der großtechnischen Produktion übernommen. Die Versuchsanlage (kleine Pilotanlage) lief vorher lange Zeit in einem anderen Betrieb. Sie war die einzige Anlage dieser Art in der DDR. Bei der Übernahme der Anlage in die großtechnische Produktion war nicht im voraus berechenbar, ob alle Prozesse, die unter den Bedingungen der Kleinversuchsanlage unter Kontrolle waren, auch unter denen der großtechnischen Produktion entsprechend verlaufen würden und allseitig beherrscht werden können. Dies betraf auch die Funktionstüchtigkeit der Aggregate.

Der Übergang zur Großproduktion ohne Pilotanlagenerprobung sollte einen Zeitgewinn von zwei Jahren erbringen. Das Prinzip des Verfahrens war bekannt. Für die Zwecke der Großproduktion wurde das Verfahren im Vergleich zur Versuchsanlage jedoch verändert und im Stadium der Vorbereitung vor dem wirtschaftlichen Leitungsorgan und die technisch-ökonomische Zielstellung vor dem Prüfungsausschuß verteidigt. Mit der Anlage sollten sämtliche UV-Stufen der vorgegebenen Nomenklatur übersprungen und eine Kosteneinsparung von 1000 TM erreicht werden.

Während des Probebetriebes ereignete sich in einem Tank der Anlage eine Gasexplosion. Auf Grund der Untersuchungen dieser Havarie und neuer Erkenntnisse aus dem Probebetrieb wurde festgelegt, eine abermalige akute Gefährdung der Anlage dadurch zu verhindern, daß eine neuartige technologische Lösung erprobt wurde, die allerdings mit erheblichen neuen Kosten verbunden war.

Ein direkter Schaden entstand im Rahmen des Probebetriebes der Anlage an den Sumpfproduktpumpen, da vom Verfahrensträger auf Grund seiner Forschungen erwartet worden war, daß bestimmte chemische Stoffe nicht in die Nachdestillationseinheit gelangen und damit korrosive Zerstörungen an den Sumpfproduktpumpen nicht entstehen würden. Die Faktoren, die zur Bildung eines explosiven Gasgemischs im havarierten Tank führten, stellten keinen Verstoß gegen anerkannte Regeln von Wissenschaft und Technik dar, so daß von einem echten Riskofall auszugehen ist.

Überzeugende Untersuchungen zum objektiven Erfordernis auch schöpferisch-riskanter Handlungen z. B. in der medizinischen Prophylaxe, Diagnostik, Anästhesie und Therapie legt Mattig[58] vor. Er weist an Hand der Komplikationsdichte ärztlicher Eingriffe nach, daß mit Risiko behaftete Eingriffe — Mattig selbst geht davon aus, daß jeder medizinische Eingriff in die Integrität eines Organismus mit einem gewissen Risiko belastet ist — auch in Bereichen unabdingbar sind, die normalerweise etwas außerhalb der Aufmerksamkeit liegen. Das ist der Fall, wenn etwa im Rahmen diagnostischer Maßnahmen, z. B. bei der Leberblindpunktion nach Menghini, bei 79381 Fällen 273mal nichtletale ernsthafte Zwischenfälle auftraten und demgemäß künftig zu erwarten sind; wenn bei einer an sich recht unkomplizierten diagnostischen Maßnahme wie der Otoskopie (Ohrspiegelung) in einem Fall der Reflextod eintrat oder bei der Rektoskopie (Spiegeluntersuchung des Mastdarms und des unteren Sigmoids) nachweisbar in 19 Fällen der Tod infolge Perforation eingetreten ist.[59] Ähnliche Nachweise führt Mattig auf dem Gebiet der Anästhesie. Hier sei verwiesen auf die Feststellung, daß bei der Chordotomie (der operativen Entfernung der Vorderseitenstrangbahn des Rückenmarks bei schweren dauernden Schmerzzuständen auf organischer Grundlage, die durch schmerzstillende Mittel auf die Dauer nicht beeinflußt werden können) bei 241 Fällen 10mal der Tod eintrat und bei 30 Fällen der Tod infolge Lungenembolie und Pneumonie zweimal nicht verhindert werden konnte.

Auf dem Gebiet der Therapie, wo u. a. bei der Appendektomie (der operativen Entfernung des entzündlich erkrankten Wurmfortsatzes vom Blinddarm) bei Hämophilen, teilweise unter Schutz von antihämophilem Globulin, von 12 Fällen der Tod in drei Fällen eintrat; wo bei Dickdarmoperationen in der Alterschirurgie bei 86 Fällen der Tod in 22 Fällen eintrat und wo bei Gallenoperationen (Choledochoduodenostomie, primäre und sekundäre, bei schwerem Krankengut) bei 380 Fällen der Tod in 27—30 Fällen nicht verhindert werden konnte.[60] Wir stimmen mit Mattig voll überein, wenn er das gesellschaftliche Anliegen seiner Untersuchungen dahingehend bestimmt, Kenntnisse „über die Größe der Gefahr und ihre Gegenüberstellung zum Nutzen des Eingriffs" zu vermitteln. „Somit kann die Komplikationsrate oder Letalität einer ärztlichen Handlung allein kein Gradmesser für deren Qualität sein. Im Hinblick auf infauste Krankheitsbilder wird man riskante Operationen oder mit erheblichen Nebenwirkungen belastete Medikationen nicht ablehnen, um dem Patienten eine ‚letzte Chance' zu geben. Das gleiche Risiko bei Krankheiten mit guter Prognose einzugehen, hieße unvorsichtig oder gar fahrlässig zu handeln."[61]

Auch in anderen gesellschaftlichen Bereichen sind Entscheidungen und Handlungen neuen Typs erforderlich, um die skizzierte wirtschaftliche Zielstellung erreichen zu können. Die Zeit des Aus-dem-Vollen-Schöpfens ist endgültig vorbei. Rationalität, Effektivität, Sparsamkeit, auch Behutsamkeit beim Umgang mit volkswirtschaftlichen Werten und Fonds sind vonnöten; in diesem Rahmen kommt auch dem Risiko, der schöpferisch-riskanten Entscheidung und Handlung ein bedeutender Stellenwert zu. Wenn beispielsweise ein Bagger von 1000 Tonnen Gewicht umgesetzt werden muß und die Verantwortlichen vor der Entscheidung stehen, ihn entweder nach herkömmlichen Methoden zu zerlegen, zu transportieren, zu montieren — und damit seinen Ausfall von mindestens drei Monaten in Kauf zu nehmen — oder den 1000-Tonnen-Bagger, so wie er ist, mitten durch die Mulde zu „bugsieren", mit allen Gefahren, Risiken, Ungewißheiten, die ein solches Unternehmen notwendig mit sich bringt, so werden die Breite der Aufgaben und das Erfordernis ihrer ökonomisch günstigsten Lösung sichtbar. Im konkreten Fall konnte festgestellt werden: „Eine kühne Idee wurde verwirklicht, eine hervorragende ingenieurtechnische Leistung vollbracht. Das Kollektiv einer sozialistischen Arbeitsgemeinschaft hat unmöglich Erscheinendes möglich gemacht. Viel Zeit und rund zwei Millionen Mark Kosten wurden eingespart, als nach wenigen Kilometern der Bagger seinen Standort erreicht hat."[62]

Es ist weder möglich noch erforderlich, alle denkbaren Konstellationen schöpferisch-riskanter Lösungen produktionspraktischer Aufgaben in ein „Prokrustesbett" zwingen zu wollen. Auch hier ist die Ökonomie der Zeit der Faktor, in dem sich letztlich alle Ökonomie auflöst. Auch und gerade hier bildet Sparsamkeit mit Material und Ressourcen einen wichtigen Bestandteil verantwortungsvoller Arbeit. Mit einem Wort: Gerade im unmittelbaren Produktionsprozeß nimmt das Schöpfertum der Arbeiterklasse in ungezählten Handlungen materielle Gestalt an. Während wir gestern noch enorme wirtschaftliche Verluste hinnehmen mußten, weil bei Schäden an den Energie-Übertragungssystemen diese zur Reparatur, Wartung, Instandsetzung usw. abgeschaltet werden mußten, so brauchen wir das heute nicht mehr. Die Menschen werden nach einer völlig neuen Technologie gewissermaßen in das Leitungssystem „hineingehangen" und können so an den stromführenden Hochspannungsanlagen, ohne daß diese abgestellt werden müssen, arbeiten.

Dieses Beispiel mag für unzählige seiner Art stehen und andeuten, welche Arbeit zu bewältigen und welche Entscheidungen nötig waren und werden, um ein solches Ergebnis zu erzielen.

Insgesamt sind Risikoerfordernisse im Bereich der Produktion tatsächlich wesentlich mit dem Problem der Zeit- und Kosteneinsparung verbunden. Sie reflektieren in sehr spezifischer Weise Grundfragen wirtschaftlicher Effizienz. Sie sind eine konkrete Erscheinungsform gewachsener Verantwortung und Verantwortungsbereitschaft der Werktätigen für die Gesamtbelange der sozialistischen Gesellschaft. Dabei sind nicht selten äußerst komplizierte Abwägungen verschiedener Interessen und Werte, teils auch widersprüchlicher Einflußgrößen, wie sie beispielsweise wirtschaftliche und sicherheitstechnische Gesichtspunkte bilden können, erforderlich. Der individuelle Einsatz für die Lösung volkswirtschaftlicher Aufgaben und die Durchsetzung bedeutsamer Forderungen der sozialistischen Rechtsordnung in ihrer Komplexität und Kompliziertheit ist unabdingbar. Dies ist etwa der Fall, wenn die Aufgabe besteht, in verlassenen Tagebauen Abraum in solchen Bereichen abzusetzen, in denen sich früher die Grubenwässer sammelten oder in die industrielle Abprodukte gespült wurden. Diese Bereiche sind teilweise kaum vom menschlichen Fuß betretbar und schon gar nicht von Untersuchungsgeräten befahrbar. Erfahrungsgemäß bieten solche Bereiche nur geringe Standsicherheiten. Berechnungen sind kaum möglich. Zur praktischen Lösung der genannten Aufgabe sind halbmaßstäbliche Versuche und Probiermethoden (Beobachtungsmethoden) mit bestimmten meßtechnischen Maßnahmen zur Kontrolle unbedingt erforderlich. Dabei finden moderne Geräte mit einem Neuwert von einigen Millionen Mark Anwendung, und ihre Beschädigung ist nicht auszuschließen. Wird eine solche Aufgabe nicht gelöst, so entstehen unabsehbare Gefahren für die öffentliche Sicherheit, die in keiner Weise akzeptiert werden können. Somit besteht ein objektives gesellschaftliches Erfordernis nicht selten auch für die riskante Entscheidung und Handlung.

In diesen und in vielen ähnlichen Fällen erfolgte und erfolgt die Entscheidung zur riskanten Handlung deshalb, weil objektive Bedingungen gegeben sind, die bei Unterlassen des Wagnisses zwangsläufig zur Entstehung großer volkswirtschaftlicher oder anderer Schäden geführt hätten oder hätten führen können. Das gesellschaftliche Erfordernis zum Risiko wird vor allem von da her bestimmt.

Daneben kann man im unmittelbaren Produktionsprozeß von einer weiteren Gruppe riskanter Handlungen sprechen. Sie haben das Ziel, zusätzliche volkswirtschaftliche Werte zu schaffen, ohne daß Bedingungen gegeben sind, die bei Unterlassen dieser Handlung zu einer effektiven Schadensentstehung führen würden. Der gesamte Prozeß verliefe „lediglich" langsamer, der Betrieb müßte sich eventuell einschränken. Eine Alternativsituation — entweder Wagnis der riskanten Handlung oder volkswirtschaftlicher Verlust — besteht nicht unmittelbar. Daß viele Menschen in derartigen Produktionssituationen nach Wegen suchen, zusätzliche volkswirtschaftliche Werte zu schaffen, beweist nachdrücklich das gewachsene Bewußtsein, dokumentiert die gestiegene Verantwortungsreife vieler Menschen, d. h. ihr zur Realität gewordenes Schöpfertum. Dies betrifft generell den Bereich wirtschaftlicher Entscheidungsfindung und reicht bis zu relativ profanen und manchmal sogar ausgesprochenen Behelfscharakter tragenden Handlungserfordernissen im unmittelbaren Produktionsprozeß.

Die gerechtfertigte schöpferisch-riskante Handlung ist in all diesen Fällen Ausdruck der objektiven Interessenidentität zwischen Individuum und sozialistischer Gesellschaft. Sie verkörpert das zunehmend verantwortungsbewußtere Verhalten der Menschen für die gesellschaftlichen Gesamtbelange und enthält ein Großteil Produktionsheroismus.

Mit diesem Überblick über bedeutsame Bereiche und objektive Handlungserfordernisse schöpferisch-riskanten Charakters sind zugleich wesentliche Charakteristika des Entscheidungs- und Handlungstyps Risiko genannt. Sie lassen sich wie folgt zusammenfassen: Jede riskante Entscheidung und Handlung ist dadurch gekennzeichnet, daß deren Verlauf und (oder) Resultat nicht eindeutig bestimm- und vorausberechenbar sind, sondern nur in Wahrscheinlichkeitsgraden erfaßt werden können. Dies bedeutet, daß jede schöpferisch-riskante Lösungsvariante stets sowohl positiv als auch negativ verlaufen kann, d. h., sowohl der angezielte wirtschaftliche Nutzen als auch der nicht angestrebte, jedoch als möglich erachtete wirtschaftliche Schaden können Realität werden. *In der mehr oder weniger großen Unsicherheit über den Verlauf oder Ausgang einer Entscheidung und Handlung sowie in der subjektiven Voraussicht, daß der Eintritt unerwünschter Schäden möglich ist, liegt das Wagnis beim Vollzug einer jeden Handlung mit Risikocharakter.*

Zur phänomenologischen Bestimmung des Risikos als eines besonderen Entscheidungs- und Handlungstypus sind daher die Kategorien Möglichkeit, Wahrscheinlichkeit, Notwendigkeit und Zufall zu nutzen, weil dies „zum Verständnis des Risikos in der Leitung der Wirtschaft notwendig ist."[63] Das Vorhandensein verschiedener *Möglichkeiten* des Verhaltens kennzeichnet sowohl die Ausgangsposition schöpferisch-riskanten Handelns als auch deren Verlauf und Resultate. Den Ausgangspunkt insofern kennzeichnend, als daß sich dem Menschen, der sich der riskanten Variante zuwendet, in aller Regel verschiedene Handlungsalternativen darbieten und er aus diesem Kreis eine Variante, eben die schöpferisch-riskante, ausgewählt, Verlauf und Resultat der riskanten Handlung charakterisierend, weil auf Grund der nicht vollen Beherrschung bestimmter Teilprozesse, auf Grund bestimmter Erkenntnislücken oder des nicht exakt kalkulierbaren Wirkens bestimmter Einflußgrößen von außen die letztliche Ungewißheit hinsichtlich Verlauf und Ausgang resultiert und insofern an den *polaren Grenzen sowohl die Möglichkeit des für den Handelnden und die Gesellschaft positiven als auch die des negativen Verlaufs und Ausgangs liegt.* Gerade aber die Tatsache, daß riskante Entscheidungen und Handlungen sowohl für die Gesellschaft positiv als auch negativ verlaufen und enden *können*, beide Extreme also zum *Wesen schöpferisch-riskanten Handelns* gehören und in diesem Sinne Erfolg und Mißerfolg in der riskanten Handlungsvariante dem Wesen nach stets zugleich enthalten sind, bewirkt, daß das effektive Resultat letztlich zufälligen Charakter trägt.

Somit halten wir fest: *Eine Entscheidung und Handlung wird dann zu einem Risiko, wenn verschiedene Möglichkeiten hinsichtlich ihres Verlaufs und Ausgangs gegeben sind und erkannt werden. Die verschiedenen Verlaufs- und Ausgangsmöglichkeiten können zu unterschiedlichen Wahrscheinlichkeitsgraden Realität werden; dies ist in einem bestimmten Maße von zufälligen Momenten abhängig.*

Afanasjew weist darauf hin, daß die „Entscheidungsfällung unter Risikobedingungen" praktisch unter „Bedingungen der Unbestimmtheit" erfolgt. „Aber noch nicht einmal die Tatsache, daß relativ ausreichende Informationen über den betreffenden Zustand des Systems vorhanden sind, führt dazu, alle möglichen Alternativen zu klären ... Die Situation ist so, daß die vorhandenen Informationen zwar mögliche negative Folgen signalisieren, jedoch die Frage nicht beantworten, wie man sie vermeiden kann. Jede Steuereinwirkung unter Bedingungen des Risikos kann verschiedene Ergebnisse zeitigen, von denen jedes Ergebnis wiederum Wahrscheinlichkeitscharakter besitzt."[64]

Wir halten — ohne diese Problematik weiter ausführen zu wollen — diese Positionen für äußerst bedeutsam. Sie unterstreichen die Kompliziertheit des Entscheidungs- und Handlungstyps Risiko und lassen die Notwendigkeit der spezifischen rechtlichen Erfassung dieses Phänomens augenscheinlich werden. Anders gesagt:

— wenn das objektive Erfordernis schöpferisch-riskanten Entscheidens und Handelns zu konstatieren ist,

— wenn das Spezifische schöpferisch-riskanter Handlungen darin besteht, daß ihre Verläufe und Resultate nur in Wahrscheinlichkeitsgraden bestimmbar sind und „eine Menge von Faktoren einwirkt, die nicht mit hinreichender Genauigkeit berücksichtigt werden können"[65],

— wenn das sozialistische Recht als bedeutsames staatliches Leitungsinstrument zu nutzen ist, um Schöpfertum, Initiativbereitschaft, Mut zum Risiko namentlich zur Durchsetzung der mit der wissenschaftlich-technischen Revolution verbundenen Aufgaben zu fördern,

so folgt daraus, daß einige Grundfragen der Leitung und Planung, insbesondere der rechtlichen Stimulierung gerechtfertigt-riskanten Verhaltens als einer besonderen Form schöpferischen Handelns u. E. auf neue Art zu beantworten sind.

Das strategische Ziel der rechtlichen Regulation schöpferisch-riskanter Entscheidungen und Handlungen kann nur darin bestehen, all jene Aktivitäten, Bereitschaften, Bestrebungen und Haltungen der Menschen der sozialistischen und kommunistischen Gesellschaftsformation zu fördern, die der Verwirklichung des wissenschaftlich-technischen Fortschritts und dem Wohl der ganzen Gesellschaft dienen, die sozialistisches Verantwortungsbewußtsein verkörpern und auf die bestmögliche Erfüllung der mit der Hauptaufgabe formulierten Ziele gerichtet sind. Das gilt für alle Kategorien, Arten und Erscheinungsformen schöpferisch-riskanten Handelns der Werktätigen. Es gilt unabhängig davon, ob es sich um schöpferische Entscheidungen und Handlungen unmittelbar zur Verwirklichung des wissenschaftlich-technischen Fortschritts — damit insbesondere Risiken im Forschungs-, Entwicklungs- und Überleitungsprozeß, bei Investitionen usw. betrifft — oder um mutige, nicht selten aufopferungsvolle schöpferische Leistungen mit

Risikocharakter oder Risikoelementen handelt, die der Vermeidung drohender Schäden dienen und die die sozialistische Rechtsordnung grundsätzlich mit einer positiven Wertung belegt. Beispielhaft seien hier die vom sozialistischen Arbeitsrecht gewährten Rechte und auferlegten Pflichten zum Schutz des sozialistischen Eigentums und der Volkswirtschaft vor Schäden oder Gefahren genannt, die Werktätige „aus gesellschaftlicher Verantwortung“ (§ 271 AGB) ausüben. Es sei auf das ausdrücklich fixierte Recht jedes Bürgers und jedes Betriebes hingewiesen, die erforderlichen Maßnahmen zu treffen, „um unmittelbar drohende Schäden und Gefahren für das Leben, die Gesundheit, das sozialistische Eigentum und das persönliche Eigentum abzuwenden“ (§ 325 ZGB). Schließlich sei auf Rechte und Pflichten, die andere Rechtszweige statuieren, aufmerksam gemacht, namentlich die im sozialistischen Strafrecht fixierten, um etwa eine „der sozialistischen Staats- und Gesellschaftsordnung gegenwärtig drohende, anders nicht zu beseitigende Gefahr abzuwenden“ (§ 18 StGB), und auf die gesetzliche Festlegung des § 20 StGB, daß, wer sich nach „verantwortungsbewußter Prüfung der Sachlage zur Begehung einer Pflichtverletzung entscheidet, um durch die Erfüllung anderer Pflichten den Eintritt eines größeren, anders nicht abwendbaren Schadens für andere Personen oder die Gesellschaft zu verhindern“, gerechtfertigt handelt und keine Straftat begeht.

Die ausdrücklichen gesetzgeberischen Bezugnahmen auf die sozialistische Staats- und Gesellschaftsordnung als Ganzes unterstreichen die hohe Wertschätzung, die der sozialistische Staat der gesamtgesellschaftlich orientierten Wahrnahme individueller Verantwortung beimißt. Sie unterstreichen zugleich, daß viele Grundprobleme, wie sie bei schöpferisch-riskanten Entscheidungen und Handlungen in spezieller Form auftreten, in wesentlichen Bezügen allgemeine rechtliche Verhaltensregeln, Rechte-Pflichten-Strukturen, Verantwortungsinhalte usw. betreffen und damit de facto das Problem auch gerechtfertigt riskanten Handelns eo ipso mit umfassen. Allerdings gilt dies vornehmlich im Hinblick auf Schadensabwehr- und Schutzhandlungen. Weniger gilt es hinsichtlich der in ihrer Wertigkeit mindestens gleichrangigen Entscheidungen und Handlungen zur schöpferischen Lösung neuer wissenschaftlich-technischer und wirtschaftlicher Probleme und Aufgabenstellungen. Gerade auf diesem Gebiet aber ist das Schöpfertum der Werktätigen in hervorragender Weise zu entfalten und zu nutzen, denn eingeschlossen in dieses Schöpfertum ist die riskant-schöpferische Entscheidungs- und Handlungsvariante, die in nahezu allen Bereichen des gesellschaftlichen Lebens reale Erfordernisse ausdrückt und einer einheitlichen rechtlichen Charakterisierung und Wertung bedarf.

„Der Sowjetstaat“, bemerkt Rassudowski, „ist an den Ergebnissen des Schöpfertums interessiert, er stimuliert die schöpferische Tätigkeit und benutzt dafür einen breiten Komplex sozialer, ökonomischer und juristischer Maßnahmen ... Die Effektivität der organisatorischen und rechtlichen Formen der Arbeitstätigkeit in Wissenschaft und Technik hängt davon ab, ob die spezifischen Seiten der schöpferischen Tätigkeit berücksichtigt werden. Ebenso wichtig ist die maximale Berücksichtigung der dem Schöpfertum eigenen stimulierenden Motive, die von den individuellen Eigenschaften der Persönlichkeit abhängen. Eine wesentliche Bedeutung hat das Bewußtsein, daß die verrichtete Arbeit praktisch nützlich war, hat das Streben nach öffentlicher Anerkennung, der Faktor der materiellen Interessiertheit usw.“[66]

Diese Faktoren sind außerordentlich bedeutsam im Hinblick auf die Wirksamkeit des sozialistischen Rechts bei der planmäßigen Entwicklung des Schöpfertums der Werktätigen. Sie nicht zu berücksichtigen oder auch nur zu unterschätzen, ließe außer acht, daß Schöpfertum und Risikobereitschaft zutiefst an die Persönlichkeit des Menschen, seine Interessen, sein Bewußtsein, aber auch seine Emotionen und Intuitionen gebunden sind. Probleme des Schöpfertums und des Risikos sind Rechtsprobleme neuer Dimension.

4. Zum Rechtsinstitut Risiko

Die phänomenologischen Charakteristika einer Entscheidung und Handlung mit Risikocharakter, die in Kurzform mit *bewußter Akzeptierung von Wahrscheinlichkeiten hinsichtlich des erstrebten Resultats, mit Gefahrenherbeiführung, Ungewißheit hinsichtlich des erstrebten Erfolgs, Voraussicht des möglichen Eintritts wenigstens partieller Schäden bezeichnet werden können*, bilden zugleich Grundelemente für einen einheitlichen rechtlichen Risikobegriff, der u. E. dringend erforderlich ist. Um zu gewährleisten, daß die schöpferisch-riskantem Handeln eigenen Bestimmungselemente für alle Zweige des sozialistischen Rechts Gültigkeit besitzen und die grundlegenden Kriterien gesellschaftlich gerechtfertigten Risikos unter Zugrundelegung eben dieser phänomenologischen Elemente theoretisch fixiert und praktisch verwirklicht werden, ist von einheitlichen Positionen sowohl bei der Charakterisierung eines Wirtschafts- und Entwicklungsrisikos, eines Risikos im Neuererwesen, eines Risikos bei der Überleitung von wissenschaftlich-technischen Ergebnissen in die Produktion als auch eines Risikos auf medizinischem Gebiet, im Bereich des Handels, auf sportlichen Gebiet und wo immer schöpferisch-riskantes Handeln erforderlich ist, auszugehen. Das ist einerseits eine Aufgabe rechtlicher Definition dieses Sachverhalts und betrifft andererseits die für das sozialistische Recht überhaupt bedeutsame Frage nach der Wertung von Entscheidungen und Handlungen der Menschen, die mit Wahrscheinlichkeitsverläufen und -resultaten verbunden sind. Die sozialistische rechtliche Grundposition zu nicht voll überblickbaren, nicht völlig beherrschbaren und insofern hinsichtlich Verlauf und Ausgang nicht eindeutigen Verhaltensweisen ist zunehmend mit der Frage konfrontiert, daß nicht mehr in erster Linie Abwehrhandlungen derartige Charakteristika aufweisen — rechtliche Notstands- und Notwehrhandlungen sind stets mit dieser Problematik verbunden —, sondern daß Handlungserfordernisse im wissenschaftlich-technischen Bereich, auf medizinischem, auf sportlichem Gebiet usw. mit Wahrscheinlichkeitsverläufen und -resultaten verbunden sind, die im Interesse der Gesellschaft und des einzelnen bewußt und konstruktiv vollzogen werden müssen. Man kann prinzipiell davon ausgehen, daß dies alle schöpferischen Entscheidungen und Handlungen der Menschen betrifft und die sozialistische gesellschaftliche Grundposition zum Schöpferischen zugleich die Grunddeterminanten für das sozialistische Recht im Hinblick auf die Wertung von Wahrscheinlichem im Handeln der Menschen beinhaltet. Wie es unter den Bedingungen der wissenschaftlich-technischen Revolution weltweit opportun ist, bestimmte geringe Versagenswahrscheinlichkeiten von Konstruktionen, Geräten, Gebäuden, Brücken usw. generell zu akzeptieren, so ist es gleichermaßen unabdingbar, die Zunahme an wissenschaftlich-technischer Perfektion, Kompliziertheit sowie material- und zeitökonomischer Effizienz von Erzeugnissen und Leistungen *auch* unter dem Aspekt ihrer Risikobehaftetheit zu sehen. Das sozialistische Recht geht prinzipiell davon aus, daß die Verantwortung des Menschen bei der Lösung aller Aufgaben, der schöpferische Einsatz seiner Kräfte und Fähigkeiten zum Wohle der Gesellschaft Richtung und Ziel seines

Einsatzes wesentlich bestimmen. Das bedeutet zugleich, daß diese Verantwortung nicht teilbar ist und nicht nur dann mit positivem Wert belegt werden kann, wenn sie mit unmittelbarem Erfolg verbunden ist. Die Frage nach der Verantwortung ist die Frage nach der sozialen Leistung des Menschen in der sozialistischen Gesellschaft; sie impliziert gesamtgesellschaftlich dimensioniertes Denken und Handeln und verlangt nach schöpferischer Aktivität. Sie schließt den Erfolg ein, reduziert sich aber nicht auf ihn; sie akzeptiert Wahrscheinlichkeiten dann, wenn gesellschaftliche und individuelle Interessen und Erfordernisse dies bedingen und all jene Werte der Arbeiterklasse verwirklicht werden, um deretwillen sie heroische Kämpfe durchfocht. Die wissenschaftlich-technische Revolution, ihre Anforderungen an internationales wirtschaftliches und wissenschaftlich-technisches Leistungsvermögen in Einheit mit den sozialen Zielen und Aufgabenstellungen des Sozialismus/Kommunismus bestimmen grundlegend, welches Handeln der Menschen — auch und gerade das mit Wahrscheinlichkeiten behaftete — als verantwortungsvoll zu werten ist. Das Problem des Risikos, seiner rechtlichen Definition und sozialen Parameter ist ein spezifisches Problem rechtlicher Wertung von Entscheidungen und Handlungen der Menschen, die der Durchsetzung des wissenschaftlich-technischen Fortschritts und dem Sieg der sozialistischen Gesellschaftsordnung dienen. Als solches muß es allenthalben vom sozialistischen Recht begriffen werden.

Bisherige Versuche zur definitorischen Bestimmung eines rechtlich relevanten Risikos zeigen einerseits ein durchaus unterschiedliches, teilweise auch einseitiges Herangehen und lassen andererseits das Bestreben sichtbar werden, verschiedene „Typen" von Risiken zu formieren. Das muß u. E. unbedingt, vor allem im Interesse der Einheit des sozialistischen Rechts und seiner Begriffe, vermieden werden.

Der sowjetische Rechtswissenschaftler Grinberg definierte das rechtmäßige Produktionsrisiko als „rechtmäßiges Heraufbeschwören einer Gefahr mit dem Ziele, ein gesellschaftlich nützliches Produktionsergebnis zu erreichen, das mit gewöhnlichen, nicht riskanten Mitteln nicht erzielt werden kann"[67]. Diese Inhaltsbestimmung des gerechtfertigten Risikos in der Volkswirtschaft ist u. E. unter zweierlei Gesichtspunkten unvollständig: Einseits orientiert sie zu undifferenziert auf das Merkmal der Gefahr und läßt damit die eigentlichen Kriterien, die jedes Risiko wesensmäßig bestimmen (Möglichkeit — Zufälligkeit — Wahrscheinlichkeit) unerwähnt. Sie vernachlässigt damit den Wagnischarakter, der insgesamt den Sachverhalt treffender erfaßt, als es ein undifferenziertes Abstellen auf das Merkmal der Gefahr tun könnte. Natürlich — und insofern ist Grinberg zuzustimmen — spielt die Möglichkeit des teilweisen oder gar vollständigen Untergangs oder Verlustes des mit oder infolge der riskanten Handlung Bedrohten — und insofern die Gefahr — bei *jeder* Risikohandlung eine bestimmende Rolle. Nur eben ist diese Gefahr nicht nur im Sinne einer akuten Bedrohung, sondern im Sinne einer *Unsicherheit über Verlauf und Ausgang der Handlung, also als ein Unsicherheitsfaktor* zu verstehen. In der Unbestimmtheit liegt die Gefahr, nicht oder zumindest nicht nur in einer akuten Bedrohung, die der Handelnde ja gerade bei der Vornahme der Handlung, zumindest in ihren tatsächlichen Ausmaßen oft nicht kennt und nicht oder doch nur in ihren groben Dimensionen berücksichtigen kann.

Bei einer ganzen Reihe von Risikohandlungen ist es keineswegs so, daß *nur* die Risikohandlung ein bestimmtes gesellschaftlich nützliches Ergebnis im Rahmen der wirtschaftlichen Tätigkeit zu erbringen geeignet ist; das wäre vielmehr auch durch nichtriskante Handlungen letztlich möglich. Nur ist die *riskante Handlungsvariante* die effektivste, die volkswirtschaftlich *optimalste* und wird aus diesem Grunde zu wählen sein. Denken wir in diesem Zusammenhang lediglich an die Problematik des Risikos bei bestimmten wissenschaftlich-technischen oder wirtschaftlichen Neuerungen: Sicher kann in einer Reihe von Fällen das erstrebte Resultat auch dadurch erreicht werden, *ohne* eine Risikohandlung zu erwägen und durchzuführen. Fraglich bleibt nur, *mit welchem Aufwand und in welcher Zeit* das geschieht bzw. geschehen kann. Ökonomie der Zeit heißt, die Frage des materiellen Aufwandes zur Erreichung eines bestimmten Resultats zu stellen. Denn: „Im Sozialismus wird die größte Ökonomie der menschlichen Arbeit, über die W. I. Lenin sprach, nicht nur durch die Steigerung der Arbeitsproduktivität erreicht, sondern auch durch das ununterbrochene Anwachsen der Effektivität der gesellschaftlichen Produktion, d. h. durch das Erreichen maximaler Ergebnisse der Produktion bei minimalem Aufwand an materiellen, Arbeits- und finanziellen Ressourcen."[68]

Damit wird deutlich, daß — und eine wesentliche Funktion schöpferisch-riskanter Entscheidungen und Handlungen besteht ja gerade darin, in diesem Sinne Einfluß auf den Zeitfaktor zu nehmen — eine Einengung auf den einzig möglichen Weg nicht in jedem Fall akzeptiert werden kann.[69]

Bei Anerkenntnis dieser Grundüberlegungen und in dem Bestreben, die Spezifika der verschiedenen Risikoarten herauszuarbeiten, werden in anderen Arbeiten gemeinsame Merkmale zur Bestimmung des Risikos entwickelt. Eines dieser Merkmale wird z. B. darin gesehen, daß ein Risiko immer eine gewisse Ungewißheit für den Erfolg eines Handelns in sich birgt. Ein weiteres darin, daß der Ausgang bewußt riskanter Handlungsweisen nur nach Wahrscheinlichkeitsgraden bestimmt werden kann. Ein drittes darin, daß mit dem Risiko immer ein Gefährdungselement für den angestrebten Erfolg verbunden ist, gleich, ob sich der Handelnde dessen bewußt ist oder nicht.

Von dieser Position her wird das *Wirtschaftsrisiko* beispielsweise von Walther und Adam wie folgt beschrieben: „Ein Wirtschaftsrisiko ist eine dem Wesen nach erkennbare und unter bestimmten konkreten Zusammenhängen sowie nach dem Grad der Wahrscheinlichkeit des Eintritts eines direkt beabsichtigten positiven oder eines nicht direkt beabsichtigen negativen wirtschaftlichen Ergebnisses voraussehbare gesellschaftliche Erscheinung der sozialistischen Volkswirtschaft, die die Partner bei der optimalen Gestaltung ihrer ökonomischen Beziehungen zu berücksichtigen und bewußt zu nutzen haben."[70] Abgesehen davon, daß diese Definition die ohnehin komplizierte Problematik noch um einiges erhöht, sind doch die wesentlichen und typischen phänomenologischen Kennzeichen gegeben und somit u. E. geeignet, den Entscheidungs- und Handlungstyp „Risiko" einheitlich zu erfassen.

In einer weiteren Arbeit wird das *wissenschaftlich-technische Risiko* bei Arbeiten der Forschung, Entwicklung, Überleitung und Produktion in der sozialistischen Gesellschaftsordnung als ein „Wagnis im Sinne einer graduell unterschiedlichen Unsicherheit des angestrebten Ergebnisses" bestimmt. „Es ist dadurch gekennzeichnet, daß beim Versuch einer Lösung eines theoretisch unbekannten und bzw. oder praktisch nicht beherrschten Problems trotz Nutzung der derzeitig auswertbaren wissenschaftlich-technischen Erkenntnisse und wissenschaftlichen Arbeitsmethoden und bzw. oder praktischen Erfahrungen sowie der Vorteile der sozialistischen Produktionsverhältnisse das angestrebte Ergebnis in graduell unterschiedlicher Wahrscheinlichkeit eintritt, es aber zur Erlangung eines hohen zu kalkulierenden gesellschaftlichen Nutzens ohne Gefährdung von Leben und Gesundheit der Werktätigen erforderlich ist, bewußt durch eine Leitungsentscheidung sowohl einen Erfolg anzustreben, der sonst nicht erreichbar wäre, als auch durch entsprechende Maßnahmen die Verlustgefahr zu mindern."[71] Unbeschadet gewisser Einengungen, die in dieser Definition enthalten sind — nicht alle Risiken sind wissenschaftlich-technische Risiken, eine allgemeingültige Risikodefinition muß aber alle Erscheinungsformen erfassen; nicht immer kann eine Leitungsentscheidung erfolgen, nicht in allen Fällen können Fehlhandlungen für die Gesundheit von Menschen *völlig* ausgeschlossen werden —, bleibt festzustellen, daß auch hier die wesentlichen, die Entscheidung und Handlung typisierenden Elemente genannt sind. In Verallgemeinerung wissenschaftlicher Erkenntnisse sowie in dem Bestreben, eine verständliche und vom sozialistischen Recht einheitlich handhabbare Definition des Entscheidungs- und Handlungstyps „Risiko" verfügbar zu haben, wird folgender Begriff des Risikos vorgeschlagen: *Ein Risiko besteht im bewußten Herbeiführen oder Aufrechterhalten einer Entscheidungssituation, deren Verwirklichung infolge des verschieden möglichen Verlaufs und Ausgangs nur in Wahrscheinlichkeitsgraden überschaubar und insofern gefährlich ist. Die Zielstellung, die mit der Herbeiführung oder Aufrechterhaltung einer riskanten Entscheidung und Handlung verwirklicht werden soll, besteht in der Schaffung neuer oder dem Erhalt bedeutender Werte, die auf nichtriskantem Wege ohne den Einsatz unverhältnismäßig höherer Mittel und (oder) unverhältnismäßig längerer Zeit nicht erreichbar wären.*

Es gehört zum Wesen des Risikos, daß das Eintreten von Schäden nicht völlig auszuschließen ist. Zum Rechtsinstitut Risiko gehören sowohl der Begriff als auch die Kriterien und Elemente, die seine Rechtmäßigkeit wesentlich charakterisieren. Das ist beim Entscheidungs- und Handlungstyp „Risiko" deshalb durchaus kompliziert, weil nicht bekannte und von der sozialistischen Rechtsordnung allgemein anerkannte Prinzipien und Kriterien einfach auf riskantes Handeln „umgedacht" werden können, sondern eine sachadäquante Transformation sozialistischer Rechtsprinzipien unter Zugrundelegung der Besonderheiten des Entscheidungs- und Handlungstyps erfolgen muß. Dabei sind insbesondere die rechtlichen Grundsätze, die den Ausnahmecharakter bestimmter Entscheidungs- und Handlungssituationen erfassen, für eine einheitliche rechtliche Wertung des Risikos nutzbar zu machen. Im sozialistischen Zivilrecht etwa die im Zusammenhang mit der Pflicht der Bürger und Betriebe zur Vermeidung von Schäden und Gefahren verbundenen Rechtsansprüche §§ 323 ff., insbesondere § 326 ZGB; im sozialistischen Arbeitsrecht etwa die im Zusammenhang mit der Regelung der Rechte und Pflichten der Werktätigen und der Betriebe festgelegte Schadensersatzleistung bei Handlungen aus gesellschaftlicher Verantwortung (§§ 252 ff., insbesondere § 271 AGB); im sozialistischen Strafrecht die rechtlichen Grundsätze und Prinzipien bei Schadensabwehrhandlungen (insbesondere die §§ 17 — 20 StGB), einschließlich des § 169 StGB, des Wirtschafts- und Entwicklungsrisikos selbst.

Das sozialistische Recht geht — unbeschadet der Tatsache, daß Risikonormen bislang nur vereinzelt existieren — einheitlich davon aus, daß

— *besondere* Verhaltensanforderungen *besondere* Wertungen erfahren müssen;

— die Herbeiführung von Schäden dann nicht rechtswidrig ist, wenn die Handlung verantwortungsvoll vorgenommen wurde;

— demjenigen, der verantwortungsvoll handelte, der entstandene Schaden zu ersetzen ist und seine Handlung in voller Übereinstimmung mit der sozialistischen Rechtsordnung steht;

— die Schöpferkräfte der Werktätigen so zu entfalten, zu leiten und zu stimulieren sind, daß für die sozialistische Gesellschaft als Ganzes wirkungsvolle Resultate entstehen.

In den verschiedensten gesellschaftlichen Bereichen, im Rahmen sehr unterschiedlicher rechtlicher Vorschriften sind Verhaltensanforderungen enthalten, die, obzwar sie das

Problem des Riskos nicht ausdrücklich zum Gegenstand ihrer Regelung haben, dennoch bedeutsame Grundlagen und Orientierungspunkte für schöpferisch-riskantes Handeln bilden. Wenn beispielsweise im Rahmen der „Anordnung über die Nomenklatur der Arbeitsstufen und Leistungen des Planes Wissenschaft und Technik“[72] verbindlich gefordert wird, daß „eine gründliche Vorbereitung der Aufgaben zu gewährleisten“ ist und dazu „Prognosen, Analysen des technisch-ökonomischen Niveaus der Produktion, arbeitswissenschaftliche Anforderungsbilder, Vergleiche mit Spitzenerzeugnissen des Weltmarktes, Anwenderforderungen, Gebrauchswert-Kosten-Analysen, Literaturstudien, Analysen über die schutzrechtliche Situation und Ergebnisse der Forschung auszuwerten bzw. entsprechende Kenntnisgrundlagen zu erarbeiten“ sind (§ 3), so sind damit zugleich grundlegende Sachanforderungen auch im Hinblick auf schöpferisch-riskantes Handeln in diesem Prozeß, wie es das Überspringen bestimmter Arbeitsstufen beispielsweise sein kann, fixiert. Zugleich ist damit gewährleistet, daß Fehler und Mängel in diesem Prozeß, die nicht selten zu erheblichen wirtschaftlichen Schäden führen, insgesamt eindeutig klassifizierbar sind und nicht mit dem Mantel eines angeblichen Risikos versehen werden können.

Untersuchungen zeigten, daß Arbeitsstufen übersprungen wurden, obwohl

— zum Zeitpunkt der Aufnahme der Geräte in den Erzeugniskatalog die Entwicklung noch nicht abgeschlossen und das Fertigungsmuster noch nicht erprobt war;

— die in der Arbeitsstufe K 5 geforderte Sicherung der materiellen Voraussetzungen für die Überleitung in die Produktion nicht mit der erforderlichen Konsequenz und Sorgfalt erfolgte und die für die künftige Produktion der Geräte benötigten Zulieferungen und Leistungen nicht rechtzeitig vertraglich gebunden wurden;

— Verfahren nicht mit Hilfe einer Versuchsanlage erprobt wurden;

— wegen fehlender großtechnischer Erprobung das Verfahren nicht zur Produktionsreife entwickelt war und damit der Betrieb das Verfahren nicht beherrschte;

— Grundfragen der Verfahrensauslegung, Anlagenkonstruktion und Materialauswahl und der einheitlichen Leitung der Arbeitsabläufe zwischen den Partnern nicht geklärt wurden;

— Grundfragen der Verantwortung des Themensachbearbeiters und des Überleitungskollektivs unberücksichtigt blieben,

— eine ökonomische Zielstellung schnell erreicht werden sollte, um eine gute Planerfüllung hinsichtlich der abgesetzten Warenproduktion „ausweisen“ zu können.

Diese Untersuchungsergebnisse zeigen zugleich bedeutsame Faktoren auf, die ein Überspringen von Entwicklungsstufen weder sachlich rechtfertigen noch rechtlich gestatten. Sie sind damit zugleich Wertungselemente bei möglichen Risiken.

Betrachten wir einen weiteren Sachbereich: Im Zusammenhang mit der Prüfung von Arzneimitteln zur Anwendung in der Humanmedizin werden z. B. die gesetzlichen Anforderungen an eine sachlich begründete und verantwortungsbewußte Handhabung dieser bedeutsamen medizinischen Maßnahme dadurch festgelegt, daß „die Ergebnisse der pharmazeutischen und tierexperimentellen Prüfungen eine Anwendung am Menschen rechtfertigen und begründen, daß das Arzneimittel einen wesentlichen Fortschritt in der medizinischen Betreuung erwarten läßt. Die Prüfung ist sachgemäß, so schonend wie möglich und mit dem geringsten Risiko für jeden Probanden durchzuführen. Notwendige medizinische Maßnahmen dürfen dabei nicht unterlassen werden.“[73]

Damit sind auch auf diesem Gebiet inhaltliche Handlungsanforderungen für ein gerechtfertigtes Risiko genannt: Vorliegen bestimmter Prüfergebnisse, hoher Erwartungswert im Hinblick auf medizinische Wirksamkeit, sachgemäße Handhabung und Wahrung des geringstmöglichen Gefahrengrades. Sie bringen im Kern soziale Anforderungen an jede Riskohandlung zum Ausdruck.

Im sozialistischen Strafrecht wird in § 169 StGB davon ausgegangen, daß ein gerechtfertigtes Risiko dann vorliegt, wenn die Handlung vorgenommen wird, um einen bedeutenden wirtschaftlichen Nutzen herbeizuführen oder einen bedeutenden wirtschaftlichen Schaden abzuwenden und der Handelnde nach verantwortungsbewußter Prüfung aller die Handlung betreffenden Umstände die eingetretenen wirtschaftlichen Nachteile für wenig wahrscheinlich oder aber für wesentlich geringer als den vorgesehenen wirtschaftlichen Nutzen halten durfte, wenn die Handlung im Rahmen staatlich angeordneter, bestätigter oder sonst im Verantwortungsbereich des Handelnden liegender Forschungs- und Entwicklungsarbeiten oder technisch-ökonomischer Experimente unter Beachtung des Standes der wissenschaftlichen Erkenntnisse sowie verantwortungsbewußter Prüfung aller die Handlung betreffenden Umstände vorgenommen wurde und dennoch wirtschaftliche Nachteile eingetreten sind.

Schließlich sei beispielhaft auf die sozialistischen Rechtsvorschriften verwiesen, die ein Abweichen von festgelegten Normen zum Gegenstand haben und insofern das Problem schöpferisch-riskanten Handelns aus einer spezifischen Sicht berühren. Risiken sind in der Tat sehr oft mit der Tatsache widersprüchlicher Forderungen verknüpft, wobei etwa auftretende Widersprüche zwischen ökonomischen Erfordernissen und sicherheitstechnischen Möglichkeiten, wissenschaftlich-technischen Neuerungen und vorhandenen Potenzen ihrer Nutzung, neuen Erkenntnissen und veralteten Vorschriften zur Lösung eines Problems hier nur als Beispiele genannt seien. Es ist u. E. daher von grundlegender rechtspolitischer Bedeutung, wenn in der „Zweiten Durchführungsbestimmung zur Standardisierungsverordnung“[74] (DB) die Zulässigkeit von Abweichungen und die wichtigsten Kriterien ihrer Berechtigung verbindlich fixiert sind. Im § 2 heißt es: „Eine Abweichung von einem DDR- oder Fachbereichsstandard ist ... nur zulässig, wenn dadurch im besonderen Anwendungsfall nachweisbar volkswirtschaftliche Vorteile erzielt oder volkswirtschaftliche Nachteile verhindert werden können und

— entweder die Abweichung für bestimmte Fälle gemäß §§ 6—12 dieser Durchführungsbestimmung zugelassen wird

— oder eine Ausnahmegenehmigung zur Abweichung vom Standard nach dieser Durchführungsbestimmung erteilt ist.“

Im Hinblick auf Abweichungen bei der Lösung von Aufgaben des wissenschaftlich-technischen Fortschritts wird im § 12 dieser 2. DB für den Fall, daß „die Einhaltung von Standards nachweisbar nicht zu vertreten“ ist, auch das Vorliegen einer Ausnahmegenehmigung nicht für erforderlich erachtet. Damit ist den Verantwortlichen für die Durchsetzung des wissenschaftlich-technischen Fortschritts eine hohe Verantwortung und zugleich ein hohes Maß an eigenständiger Entscheidungskompetenz übertragen worden. Das schließt schöpferisch-riskante Varianten ein, und zwar stets unter den allgemeingültigen rechtlichen Voraussetzungen, daß

— volkswirtschaftliche Vorteile erzielt oder volkswirtschaftliche Nachteile verhindert werden (sollen);

— erforderliche Maßnahmen zur Beseitigung von Gefahren eingeleitet werden;

— die Abweichung ein dringendes wirtschaftliches Erfordernis zum Ausdruck bringt.

Auch unter diesem Gesichtspunkt sind die bereits genannten Untersuchungen von Mattig zur Komplikationsdichte ärztlicher Eingriffe[75] von großem Aussagewert. Mattig weist in der Einführung zu seiner Arbeit selbst darauf hin, daß man auf der einen Seite riskante medizinische Operationen oder mit erheblichen Nebenwirkungen belastete Medikationen nicht ablehnen kann und darf, um die „letzte Chance“ zu wahren; andererseits kann das Risiko bei Krankheiten mit guter Prognose eine völlig abzulehnende und u. U. strafrechtlich relevante Handlung sein. Die Größe der Gefahr und ihre Inbezugsetzung zum Nutzen des Eingriffs sieht auch Mattig als einen ausschlaggebenden Faktor für Berechtigung oder Nichtberechtigung eines medizinischen Risikos an, und er stützt damit aus dieser spezifischen Sicht Grundüberlegungen zu den Kriterien des gerechtfertigten Risikos allgemein.

U. E. lassen sich einheitliche Grundkriterien feststellen, die ein rechtmäßiges Handeln unter Risikobedingungen generell charakterisieren. Es ist daher insgesamt gerechtfertigt, für das sozialistische Recht einheitlich geltende Rahmenkriterien zu fixieren, die ein gerechtfertigtes, rechtmäßiges Risiko inhaltlich bestimmen:

1. Die Risikoentscheidung und -handlung muß aus einer gesellschaftlichen Notwendigkeit heraus erfolgen und volkswirtschaftlich bzw. gesamtgesellschaftlich begründet sein. *Es muß also ein gesellschaftliches Risikoerfordernis vorliegen.* Die gesellschaftliche Notwendigkeit und wirtschaftliche Begründetheit können durch verschiedene Gesichtspunkte spezifiziert sein. Als Beispiel seien genannt:

1.1. Es besteht die Notwendigkeit, einen nicht anders als durch eine riskante Handlung erreichbaren höheren gesellschaftlichen Erkenntnisstand zu gewinnen. Das Wagnismoment ist integrierender Bestandteil der Entscheidung und Handlung, mit deren Hilfe das Ergebnis erreicht werden soll. Ein Verzicht auf bestimmte Gefährdungsmomente bedeutete einen Verzicht auf die riskante Handlung insgesamt und damit einen Verzicht auf die mit der Handlung möglicherweise erreichbaren gesellschaftlich wertvollen Resultate in Forschung, Entwicklung und Produktion.

1.2. Es ist erforderlich, eine neue Erkenntnis zu gewinnen, die zwar auch auf andere als auf riskante Art und Weise zu erreichen wäre, aber einen unverhältnismäßig hohen Einsatz materieller und (oder) finanzieller Mittel sowie (oder) eine unverhältnismäßig längere Zeit benötigen würde. Der mit dem konkreten Handlungsvollzug immanent verbundene Grad an Gefährlichkeit steht in einem gerechtfertigten Verhältnis zur volkswirtschaftlichen Bedeutsamkeit der Handlung.

1.3. Es besteht die reale Möglichkeit, bestimmte Entwicklungsstufen zu überspringen; die sachlichen Entscheidungsgrundlagen sind so fundiert, daß die Wahrscheinlichkeit des positiven Gelingens das Eingehen des Wagnisses rechtfertigt.

1.4. Es ist erforderlich, eine Gefahrenlage für bedeutende volkswirtschaftliche Werte oder für das Leben und die Gesundheit von Werktätigen abzuwenden. Dies wird mit der riskanten Handlung erstrebt. Dabei rechtfertigen der Wert der gefahrbedrohten volkswirtschaftlichen Wertsubstanz bzw. das Leben und die Gesundheit eines oder mehrerer Menschen die Akzeptierung eines bestimmten Gefährlichkeitsgrades der Entscheidung und Handlung.

1.5. Die volkswirtschaftliche Bedeutung eines bestimmten Produktionsprozesses oder die Werthöhe des mit der riskanten Handlung zu erzielen beabsichtigten volkswirtschaftlichen Ergebnisses gestattet es, a) auf bestimmte absolute Absicherung zu verzichten oder b) bestimmte, nicht verfügbare Materialien oder dgl. durch ähnliche verfügbare vorübergehend zu ersetzen.[76]

2. Ein weiteres Kriterium, das eine riskante Handlung als eine vom Wesen her gerechtfertigte Handlung zu charakterisieren geeignet ist, besteht darin, daß die — *(sachgerechte)*

— *Entscheidung von einer gerechtfertigten Proportionalität zwischen Handlungswert (d. h. der volkswirtschaftlichen Bedeutsamkeit der Handlung, die zumeist durch ihre rein wertmäßige Seite repräsentiert wird, aber auch andere Kriterien zum Gegenstand haben kann, beispielsweise ideelle) und der Höhe der mit der Handlung gefährdeten Wertsubstanz und dem Gefährdungsgrad getragen wird.* Mit dieser Forderung wird erreicht, daß eine allseitig verantwortungsbewußte *Abwägung* der Werte, die mit der Handlung erreicht oder gesichert werden sollen, gleichzeitig aber mit ihr gefährdet werden, vorgenommen wird. *Exakte Aufwand-Nutzen-Recherchen sowie die exakte Bestimmung des Grades der Wahrscheinlichkeit für den gesellschaftlich positiven Verlauf und Ausgang der riskanten Handlung bilden hierbei die wesentlichen Charakteristika gerechtfertigt riskanten Handelns. Dabei steht außer Frage, daß gerade diese Abwägung u. U. verschiedener Werte und die in diesem Zusammenhang erforderlich werdende Wahrscheinlichkeitsbestimmung* einen äußerst komplizierten Prozeß bilden. Betrachten wir analysierend die im Grunde einheitliche Fragestellung zunächst unter dem Aspekt der gerechtfertigten Proportionalität zwischen der volkswirtschaftlichen Bedeutung der mit der riskanten Handlung verfolgten Zielstellung und der volkswirtschaftlichen Bedeutung und Wertigkeit der mit der riskanten Handlung *gefährdeten Wertsubstanz.*

Vom Grundsatz her ist bei der Einschätzung und gesellschaftlichen Wertung dieses Kriteriums davon auszugehen, daß die mit der riskanten Handlung *erstrebte* oder zu sichernde Wertsubstanz jene wesentlich übersteigen muß, die *in Gefahr* gebracht wird. Unbeschadet dessen ist darauf zu verweisen, daß die Inbezugsetzung zwischen Ziel (Nutzen) und gefährdetem Wert

— eine Zuordnung fester (und in diesem Sinne starrer) Größen nicht rechtfertigt, weil z. B. bei hoher Wahrscheinlichkeit des Gelingens des Riskos die Berechtigung zur minimalen Gefährdung auch größere Werte einschließt, und

— die mit der proportionalen Betrachtung verbundene Flexibilität der Kompliziertheit der Entscheidungssituation am ehesten gerecht wird.

In engem Zusammenhang mit dem Problem der Proportionalität zwischen dem Wert des mit der riskanten Handlung Erstrebten und dem Wert des durch sie Gefährdeten steht die Frage der *Wahrscheinlichkeit* des Gelingens, d. h. des für die Gesellschaft positiven Verlaufs und Ausgangs der riskanten Handlung.

Die Wahrscheinlichkeit für das Gelingen einer riskanten Handlung muß im Verhältnis zur Wahrscheinlichkeit des Mißlingens der Handlung eindeutig die Übernahme des Risikos rechtfertigen, damit eine Handlung die soziale Wertung gerechtfertigtes Risiko (aus der Sicht der Wahrscheinlichkeit) für sich in Anspruch nehmen kann.

Bei der Untersuchung der Frage, ob die riskante Handlung unter dem Aspekt der Werte und der Wahrscheinlichkeit ihrer Realisierung oder Verhinderung gerechtfertigt ist oder nicht, ist zunächst generell — es gibt m. E. begründete Ausnahmen — davon auszugehen, *daß der Grad der Wahrscheinlichkeit für das Gelingen der riskanten Handlung um so größer sein muß, je schwerwiegender die voraussehbaren Folgen im Falle ihres Mißlingens für die Gesellschaft sein können.*

Wir können daher Pfotenhauer nicht zustimmen, wenn er meint, daß „das vertretbare Risiko ... bei 50%“ in jenen Fällen liegt, „wo absolutes wissenschaftlich-technisches Neuland betreten wird“[77]. Derartige prozentuale Festschreibungen relativ unabhängig von ihrer Inbezugsetzung zu den anderen von uns genannten Größen bergen die Gefahr schematischer und letztlich unwissenschaftlicher und gefährlicher Vereinseitigung in sich.

3. Ein weiteres Kriterium gesellschaftlicher *Rechtfertigung* einer riskanten Handlung besteht darin, daß für den Fall des Mißlingens anhand der möglichen negativen Ausgänge (die in die Entscheidung ja stets mit einzubeziehen sind) *optimale Sicherheitsvorkehrungen getroffen werden. Diese müssen prinzipiell geeignet sein, im Falle des Fehlschlagens des Risikos sofortige Gegenmaßnahmen zu ergreifen bzw. negative Weiterungen dieses Fehlschlagens zu verhindern.* Diese als Ersatzsicherheitsvorkehrungen zu bezeichnenden Maßnahmen müssen als Bestandteil der Risikoentscheidung *zu einer Verminderung des mit der Handlung verbundenen Gefährdungspotentials führen.* Diese Forderung hat das Ziel, daß bei Vornahme und im Verlauf der riskanten Handlung stets nur der absolut unvermeidbare Gefährdungsgrad zugelassen wird. Sie soll praktisch erreichen, daß alle Anstrengungen unternommen und Vorkehrungen getroffen werden, die geeignet sind, die die riskante Handlung (zusätzlich) beschwerenden Gefahrenpotenzen zu mindern, unter Kontrolle zu halten oder gänzlich zu eliminieren.

Nur das mit der Vornahme der riskanten Handlung unvermeidliche und immanent verbundene, nicht reduzierbare Gefährdungspotential ist gesellschaftlich vertretbar und gerechtfertigt. Diese Forderung ist sowohl hinsichtlich der real möglichen *Gefährdungsverminderung* als auch hinsichtlich der erforderlich werdenden Maßnahmen zur *Beherrschung, Eindämmung bzw. Verhinderung volkswirtschaftlicher Folgeschäden zu verstehen.*

4. Eine weitere Grundforderung für ein gerechtfertigtes Risiko besteht darin, daß Risikoeigenschaften tragende Entscheidungen und Handlungen nur von dem mit dem Wesen des gegebenen Sachprozesses am besten vertrauten Personenkreis vorgenommen werden dürfen. Diese Forderung ist die logische Konsequenz der bisher dargelegten Grundsätze, die neben der sachlichen Notwendigkeit, den volkswirtschaftlichen Erfordernissen, der ökonomisch-sozialen Berechtigung, dem Ergebnis der Wertabwägung einen in der Regel hohen Grad an Wahrscheinlichkeit für das Gelingen der riskanten Handlung haben. Diesen Anforderungen und Entscheidungskriterien Rechnung zu tragen, ist nur möglich, wenn vornehmlich diejenigen Werktätigen, die auf Grund ihrer Ausbildung, ihrer wissenschaftlich-theoretischen Kenntnisse und ihrer praktischen Erfahrungen — Kriterien, die im übrigen bei der Entscheidung derart komplizierter und ohnehin schwer überschaubarer Handlungen unbedingt vorliegen müssen — mit dem Recht zur Entscheidung zum Risiko betraut werden. Es werden also vornehmlich Leitungskader sein (Betriebsleiter, Meister, Ingenieure, Brigadiere usw.), die eine riskante Entscheidung treffen dürfen. Das bedeutet indes nicht, daß sie diese in jedem Fall selbst ausführen müßten.

Die Forderung nach optimaler Sachkenntnis im Hinblick auf die Vornahme einer riskanten Handlung kann nicht bewirken, daß jede riskante Handlung, die nicht von einem Angehörigen des genannten Personenkreises vorgenommen wurde, *von vornherein als gesellschaftlich ungerechtfertigt anzusehen und ausschließlich negativ zu bewerten ist.* Vielmehr ist auch diese Forderung — wie die meisten der hier dargelegten — vom *Grundsatz* her bedeutungsvoll: Das Risiko als Wagnischarakter tragende menschliche Handlungsvariante muß *optimale Sachgerechtheit* garantieren. Aber dieser Grundsatz ist insofern relativ, als er gewissermaßen das *normale Risiko* im Auge hat, das wohlabgewogen, den Handelnden zeitlich zumindest nicht überfordernd, eingegangen wird. Ist jedoch z. B. eine Produktionssituation gegeben, die ein sofortiges Handeln erfordert — in der Chemieindustrie kann beispielsweise schon durch Windrichtungswechsel eine plötzliche Konzentration gefahrenerregender Stoffe im Luftsauerstoff, der für bestimmte Prozesse angesaugt wird, entstehen —, so ist, wenn die für die Entscheidung Verantwortlichen nicht sofort erreichbar sind, auch der Werktätige zur Vornahme einer riskanten Handlung berechtigt, der auf Grund seiner *langjährigen Berufserfahrung* mit dem Wesen des gegebenen Produktionsprozesses sehr gut vertraut und eine aus seiner Warte sachgerechte Entscheidung vorzunehmen imstande ist. Es handelt sich hierbei um absolute Ausnahmefälle, und diese Position schließt die Forderung ein, daß sich der riskant Handelnde ein *Maximum an Sachkenntnis in bezug auf die konkrete riskante Handlung angeeignet hat.*

Ein gerechtfertigtes Risiko liegt stets dann vor — und in dieser Frage stimmen wir mit den in der Literatur vertretenen Auffassungen weitgehend überein —[78], wenn gleichzeitig

— eine allseitig verantwortungsbewußte Prüfung der wesentlichen Umstände und Tatsachen, die für die risikobedingte Handlungsweise bestimmend sind, erfolgte;

— das angezielte volkswirtschaftliche Resultat durch eine wirtschaftlich-riskante Handlung wesentlich erhöht oder dadurch ein beträchtlicher volkswirtschaftlicher Schaden vermieden werden kann bzw. zu vermeiden getrachtet wird und das Verhältnis des eingesetzten Aufwandes zum erstrebten Erfolg die Entscheidung rechtfertigt;

— der erstrebte Erfolg mit nichtriskanten Mitteln nicht oder nur mit einem verhältnismäßig großen volkswirtschaftlichen und daher nicht vertretbaren Aufwand erreicht werden kann;

— unter Beachtung der sozialistischen gesellschaftlichen Verhältnisse die Wahrscheinlichkeit des positiven Ausganges der riskanten Handlung die Wahrscheinlichkeit des Eintritts des negativen Resultats wesentlich überwiegt;

— ein gesellschaftliches Erfordernis für die Erzielung des Erfolges im Interesse der sozialistischen Gesellschaft gegeben ist.[79]

Damit bleibt, die Ausführungen zum rechtlichen Charakter und zu den Kriterien des gerechtfertigten Risikos abschließend, festzuhalten: Es unterliegt keinem Zweifel, daß vielfältige Entscheidungshilfen zu nutzen sind, um die Sachgerechtheit der Entscheidungen und Handlungen riskanten Charakters stets zu erhöhen, die Entscheidungsvoraussetzungen zu objektivieren und so insgesamt zu einer fundierten und auch künftig *fundierteren* Entscheidungsfindung namentlich beim Auftreten von Risiken zu gelangen. Es ist geradezu ein bedeutsames Kriterium jeder gerechtfertigten Risikoentscheidung und -handlung, daß qualitative und quantitative Entscheidungshilfen genutzt werden, um das riskante Element jeder Risikoentscheidung auf das nicht unterschreitbare Mindestmaß reduzieren zu können. Die in der Literatur vorgestellten Methoden — Grundmann und andere nennen als 1. Schritt die Ermittlung der für die quantitative Erfassung der Entscheidungskriterien notwendigen Ausgangsinformationen, als 2. Schritt die Überprüfung der Einhaltung von Schutzgütebestimmungen, als 3. Schritt die Ermittlung einer Rangfolge der Entscheidungskriterien, als 4. Schritt die zahlenmäßige Erfassung der Entscheidungskriterien, als 5. Schritt die Aussonderung aller gesellschaftlich nicht gerechtfertigten Risikovarianten, als 6. Schritt das Aufstellen von Präferenzreihen, als 7. Schritt die Bildung einer Entscheidungspräferenzreihe und als 8. Schritt die Festlegung der durchzuführenden Variante[80] — sind verantwortungsbewußt zu nutzen.

Indes darf in keiner Phase der Prüfung und Festlegung von Kriterien, die riskantes Handeln rechtfertigen, vergessen werden, daß Typ und Spezifik jeden Risikos durch die obwaltenden konkreten Bedingungen bestimmt werden und das Risiko selbst eine schöpferische Leistung von hohem Rang ist. Sie hat Anspruch darauf, als solche akzeptiert zu werden, und es kann hierbei wie bei jeder schöpferischen Leistung nicht darum gehen, sie in starre Grenzen zu zwängen, da, wie mit Recht von Jaroševskij betont wurde, in der Tat „algorithmisiertes Schöpfertum . . . nicht besser als hölzernes Eisen“[81] klingt und wohl auch in seinen Möglichkeiten nicht weit darüber hinausreicht.

II. Probleme der Leitung und Planung schöpferisch-riskanten Handelns und Aufgaben des sozialistischen Rechts

1. Das gerechtfertigte Risiko als allgemeines Problem der Leitung und Gestaltung wissenschaftlich-technischer Prozesse mit Hilfe des sozialistischen Rechts

Im Wesen des Schöpfertums und verantwortungsvollen individuellen Engagements für die Durchsetzung des wissenschaftlich-technischen und gesellschaftlichen Fortschritts liegt begründet, daß gerechtfertigte Risiken bedeutsame Erscheinungsformen mutigen Vorwärtsschreitens sind. Die Aufgabenstellungen auf dem Gebiet von Wissenschaft und Technik, bei der Intensivierung der Produktion und zur Erhöhung des Niveaus und der Effektivität der gesellschaftlichen Arbeit im Weltmaßstab und im Weltmaßstabsvergleich beweisen sehr klar, daß es der sozialistischen Gesellschaft darum geht und stets darum gehen muß, verantwortungsvolles Risikoverhalten als spezifische Erscheinungsform menschlichen Schöpfertums zu fördern, d. h. rechtlich, moralisch, ökonomisch nicht schlechthin zu dulden, sondern planmäßig zu stimulieren. Dazu gehört, daß das sozialistische Recht in seiner Gesamtheit die unabdingbar damit verbundenen leitungsseitigen und auch ökonomisch-materiellen Erfordernisse anerkennt und sichert. Bisherige Erfahrungen besagen, daß sowohl auf dem Gebiet der einheitlichen Betrachtung und Wertung gerechtfertigt-riskanten Handelns durch das sozialistische Recht als auch im Hinblick auf leitungsseitige sowie ökonomisch-materielle Erfordernisse zur Sicherung des Risikos — namentlich, wenn es negativ verlaufen ist — noch erhebliche Arbeit zu leisten ist. Es ist dies u. E. nicht nur ein Problem der Schaffung neuer Rechtsnormen in den wichtigsten Rechtszweigen, es ist eine grundlegende Aufgabe der planmäßigen Entwicklung des gesellschaftlichen und individuellen Bewußtseins, daß Schöpfertum, Verantwortung und Risiko wichtige Triebkräfte der gesellschaftlichen Entwicklung sind. Sie üben einen zentralen Einfluß namentlich auf das künftige Handeln der Menschen aus und sind insofern weniger in der Rückschau als vielmehr im Hinblick auf neue, größere Aufgaben und auf ihre schöpferische, verantwortungsvolle Realisation, die auch das Risiko nicht scheut, für das Handeln der Menschen bedeutungsvoll.

Der schöpferisch-riskant Handelnde ist stets sowohl aus individueller als auch aus kollektiver — z. B. betriebskollektiver — Sicht mit der Frage konfrontiert, daß Handlung und Folgen der Handlung in komplexer und durchaus auch unterschiedlicher Sicht bewertet werden. Selbst wenn davon auszugehen ist, daß die moralische und rechtliche Wertung einer schöpferisch-riskanten Handlung unter dem Aspekt der individuellen

Verantwortlichkeit nach prinzipiell gleichen Maßstäben erfolgt — also die Feststellung eines gerechtfertigten Risikos aus strafrechtlicher Sicht zugleich die aus disziplinarischer, arbeitsrechtlicher, unter Umständen verwaltungsrechtlicher Sicht usw. impliziert bzw. grundlegend determiniert —, so bleibt die unumstößliche Tatsache, daß entstandener Schaden behoben, damit bestimmte Fonds belastet, damit grundlegende Interessen von Betriebskollektiven berührt und damit letztlich *künftiges* Risikoverhalten maßgeblich positiv oder negativ beeinflußt wird. Diese positive oder negative Beeinflussung künftigen Risikoverhaltens ist sicher wesentlich, aber nicht *nur* mit der Frage verbunden, welcher Betrieb zu welchen Anteilen Risikoschäden zu tragen hat und wie diese auf die betriebliche finanzielle und wertmäßige Gesamtsituation einwirken, sondern ob und auf welche Art und Weise Erfordernisse riskanten Handelns von vornherein — also bei der Planung und Leitung grundlegender betrieblicher Prozesse — berücksichtigt werden können. M. E. liegen hier die entscheidenden Probleme. Auf dieser Ebene ist in erster Linie eine das Schöpfertum der Betriebe und Kombinate anregende und stimulierende Regelung zu schaffen und damit leitungsmäßig zu sichern, daß mit Risiko behaftetes Schöpfertum als reale Planposition der Betriebe und Kombinate erscheint und wirkt. Es ist u. E. ein Erfordernis der Leitung und Planung, finanzielle und materielle Reserven ausdrücklich für Risikofälle vorzusehen und damit grundlegend zu sichern, *daß wirksame Impulse zu neuen schöpferischen Entscheidungen und Handlungen vermittelt werden.*

Das gilt auch insofern, als daß nicht selten schöpferische und riskante Handlungen erforderlich sind, um *gesamtwirtschaftlich* günstigere wissenschaftlich-technische oder technologische Lösungen zu erarbeiten, die Vorteile solcher Lösungen aber nicht oder nur unwesentlich dem Betrieb zugute kommen, der das Risiko wagt und verantwortet. Nicht selten wird gegenwärtig auch aus diesem Grunde ein Risiko vermieden und damit gehen wertvolle Potenzen verloren.

Wenn im Rahmen von Leiterbefragungen unter anderem festgestellt wurde, daß

— die Gefahr, bei einem Mißerfolg, gleich als schlechter Leiter zu gelten, sowie

— mangelnde gesellschaftliche und persönliche Anerkennung bei bestimmten schöpferischen Leistungen

als bedeutsame Hinderungsfaktoren für schöpferisches Verhalten gekennzeichnet werden und Risiken dann nicht eingegangen werden, wenn die Gefahr besteht,

— gegen den Widerstand anderer Leiter handeln zu müssen,

— allein gelassen zu werden,

— Ansehen und Funktion aufs Spiel zu setzen,

so wird wohl die Breite der zu bewältigenden Aufgaben sichtbar, um schöpferisches und darin eingeschlossen riskantes Handeln zu einem festen Bestandteil schöpferischer Leitungs- und Entscheidungsarbeit werden zu lassen. Die Feststellungen von K. Hager, daß das Tempo der Überführung wissenschaftlich-technischer Forschungsergebnisse bei weitem nicht befriedigen kann, daß lieber risikolose Einzelthemen geplant werden, weil anspruchsvolle Zielstellungen stets dann, wenn sie *objektiv nicht* termingerecht oder hundertprozentig erreicht werden können, bei der materiellen und ideellen (auch rechtlichen) Anerkennung entschieden *schlechter* abschneiden; daß ein beträchtlicher Teil von Patentanmeldungen wegen fehlender Neuheit, mangelndem erfinderischem Gehalt und ungenügendem technischem Fortschritt zurückgewiesen werden muß[82], unterstreichen die Größe des zu Leistenden auf dem Gebiet der Bewußtseinsbildung und bei der Qualifizierung sozialistischer Leitungsarbeit einschließlich der Vorgabe wirkungsvoller Parameter und Stimuli gleichermaßen.

Es sind in erster Linie zutiefst ideologische Positionen, die wirksam werden müssen, um den Umfang, das Niveau und die internationale Durchsetzungskraft wissenschaftlich-technischer schöpferischer Leistungen und Lösungen weiterhin planmäßig zu entwickeln und zu stimulieren. „Der ökonomische Leistungsanstieg, der diesem Fünfjahrplan zugrunde liegt, verlangt eine hohe Qualität und Effektivität der Arbeit. Das ist ein genereller Anspruch, gerichtet an die gesamte Tätigkeit der Partei und aller Werktätigen, gültig für jedes Aufgabenfeld in der Volkswirtschaft. Hier zeigt sich die wachsende Rolle des subjektiven Faktors ... Ausgehend von den entsprechenden Beschlüssen des Politbüros, ist exakt auszuarbeiten, wo wir im Fünfjahrplan Spitzenleistungen erreichen. Diese Aufgaben sind gesondert auszuweisen, zu kontrollieren, und in jedem Falle müssen sie aussagen, wie die Ergebnisse kurzfristig und mit hohem Nutzen in die Produktion übergeführt werden.“[83]

Dies alles sind auch Rechtsfragen; es sind Fragen der Gestaltung der Rechtsverhältnisse, der Verantwortungsbeziehungen, der Rechte und Pflichten und natürlich der rechtlichen Verantwortlichkeit für nichterfüllte Pflichten, nicht umfassend wahrgenommene Rechte; etwa das Recht, Entwicklungsstufen zu überspringen, wenn dies wirtschaftlich und wissenschaftlich-technisch möglich und notwendig ist, und es sind Fragen danach, was das sozialistische Recht an objektiven Forderungen des wissenschaftlich-technischen Fortschritts in sich aufnimmt und verwirklichen hilft, um als staatliches Leitungsinstrument den wissenschaftlich-technischen Fortschritt wirkungsvoll durchsetzen zu helfen.

Die gesellschaftliche Bewältigung des Handlungstyps „Risiko“ erfordert eine klare politische, planerische, rechtliche und moralische Haltung zum Schöpfertum der Menschen und ihrer gewachsenen Verantwortung. So fördern feste politische Überzeugungen der Leiter und darauf basierende Entscheidungen und Handlungen bewußt schöpferisch-riskantes Verhalten. Planerische Überlegungen und Entscheidungen müssen dahin gehen, auf welchen Gebieten, in welchem Umfang und unter welchen „normalen“ Voraussetzungen schöpferische Risikoentscheidungen zu einer festen Planposition werden. Die Palette der Aufgaben reicht weiter über die Eröffnung vielfältiger, die Betriebe und Kombinate stimulierender Möglichkeiten zur vollen Nutzung des Schöpfertums der Werktätigen und der materiellen und moralischen Würdigung dieser Leistungen der Betriebskollektive bis hin zur persönlichen Interessiertheit an gerechtfertigten Risikoentscheidungen.

Es geht u. E. wesentlich also um eine komplexe Erfassung des schöpferischen Risikos als reale gesellschaftliche Erscheinung mit vielfältigen Besonderheiten. Es geht um die Berücksichtigung der Interessen der Betriebe und Kombinate und ihre dialektische Verknüpfung mit gesamtgesellschaftlichen Interessen; es geht um den leitungsmäßigen Einfluß des sozialistischen Staates auf die weitere Forcierung des Schöpfertums der Menschen, namentlich in den Fällen, in denen das Risiko sein immanenter Bestandteil ist. Schließlicht geht es darum, daß allenthalben erkannt und leitungsmäßig wirksam wird, daß „sich Erfolge im Kampf um Höchstleistungen bei der Entwicklung und Produktion von Erzeugnissen und Technologien nicht von selbst einstellen, sondern unter Führung der Partei bewußt organisiert werden müssen, indem die Ergebnisse der eigenen Arbeit schonungslos mit dem Weltstand verglichen und, davon ausgehend, klare wissenschaftlich-technische und ökonomische Ziele gestellt werden. Dazu gehört auch, im Betrieb eine Atmosphäre zu schaffen, in der Schöpfertum und Risikofreude gedeihen. Wesentlich trägt dazu bei, daß der Plan Wissenschaft und Technik bis auf die Kollektive aufgeschlüsselt und so zur Sache des gesamten Kollektivs und der sozialistischen Gemeinschaftsarbeit gemacht wird.“[84]

Dies alles betrifft ungemein praktische Fragen der Leitung, Planung und ökonomischen Stimulierung wissenschaftlich-technischer und wirtschaftlicher Leistungen und ist somit ein Problem der rechtlichen Gestaltung in besonderem Maße. Bis hin zur Schaffung einer betrieblichen Atmosphäre, in der *Schöpfertum und Risikofreude gedeihen*, sind neben grundlegenden politisch-ideologischen Forderungen insbesondere Fragen der rechtlichen Leitung des Schöpfertums, der tatsächlichen Würdigung schöpferisch-riskanten Verhaltens, der planmäßigen Aufgabenstellung zur Schaffung von Spitzenleistungen, die nicht in erster Linie am betrieblich Möglichen, sondern am international Erforderlichen orientiert sind, und Leitungsvorgaben dieses Anspruchs zu fordern.

Die gesellschaftliche Notwendigkeit der Zuwendung zum Risiko und damit seiner rechtzeitigen Erfassung sowie Beherrschbarkeit beginnt bereits in der Phase der Planung. Bereits hier geht es darum, das Auftreten von Risiken in die Überlegungen einzubeziehen und nach geeigneten Maßnahmen und Wegen seiner weitgehenden Beherrschung zu suchen. „Durch die Berücksichtigung von Risiken in der Planung werden für den Einzelleiter und für das Kollektiv wichtige Voraussetzungen für risikofreudiges, aber nicht leichtfertiges Verhalten in der Plandurchführung geschaffen.“[85] Damit ist sowohl eine höhere Zuverlässigkeit des Planes zu gewährleisten als auch von vornherein zu sichern, daß die spezifischen Erfordernisse der Revolutionierung von Wissenschaft, Technik und Technologie in spezifischer Weise erfaßt und planmäßig berücksichtigt werden. Es geht hierbei zweifellos nicht nur um das Problem der Planung schöpferisch-riskanter Verhaltensvarianten, sondern im Kern um die gesamtvolkswirtschaftliche Einordnung revolutionärer Prozesse und notwendiger Entscheidungen auf wissenschaftlich-technischem und wirtschaftlichem Gebiet überhaupt. „Die Qualität des Planes ist von der Vorbereitung ökonomischer Entscheidungen in den einzelnen Bereichen und in der gesamten Volkswirtschaft abhängig, wie umgekehrt die Qualität des Planes die Wirksamkeit der aus ihm abgeleiteten Entscheidungen bestimmt.“[86]

Die Planung des Entscheidungstyps „Risiko“ als besonderer Erscheinungsform wissenschaftlich-technischen und wirtschaftlichen Schöpfertums hat u. E. folgende Grundfragen zu berücksichtigen:

1. ist zu sichern, daß die im Planteil Wissenschaft und Technik vorgesehenen Höchstleistungen dann in besonderer Weise berücksichtigt werden, wenn zu ihrer Erreichung das Eingehen von Risiken unabdingbar ist — ein besonderer Ausweis derartiger Aufgabenstellungen könnte u. E. von vornherein Schwerpunkte für schöpferische Lösungen setzen —;

2. sind besondere Fonds, Fondszuführungskriterien und Stimuli planmäßig vorzusehen, um zu gewährleisten, daß wohl schöpferisch-riskante Leistungen, nicht aber schlechthin fehlerhafte wirtschaftliche Entscheidungen vor allem im Forschungs- und Entwicklungsbereich als Risiken ausgewiesen werden;

3. sind grundlegende Abstimmungen mit angrenzenden und betroffenen Wirtschaftsbereichen sowohl unter dem Aspekt erforderlich, daß schöpferisch-riskante Leistungen und wissenschaftlich-technische Lösungen zu einer weitreichenden Veränderung von Produktionsprofilen, von Technologien, von Energie- und Rohstoffgewinnung und -verwertung usw. führen, als auch unter dem Gesichtspunkt, daß im Ergebnis des Fehlschlagens derartiger Risiken negative Auswirkungen oder Verzögerungen auch in anderen Wirtschaftsbereichen eintreten;

4. hat schließlich eine langfristig orientierte Wissenschafts- und Wirtschaftsentwicklung zu berücksichtigen, daß bestimmte Risiken als immanenter Bestandteil völlig neuartiger

wissenschaftlich-technischer Lösungen oder auch im Zusammenhang mit dem Wirken objektiver Naturprozesse einzukalkulieren sind und mögliche Auswirkungen dieser klar definierten und umgrenzten Risiken gesamtgesellschaftlich planmäßig vorgesehen werden (z. B. Risiken im Zusammenhang mit der objektiv erforderlichen Energiegewinnung durch Atomspaltung oder auch Risiken im Zusammenhang mit der zunehmenden Verbreitung von Erdbebengebieten und den Auswirkungen von Beben auf grundlegende Wirtschafts- und Lebensprozesse).

Die Berücksichtigung des Risikos bereits im Planungsprozeß gewährleistet, daß im Bewußtsein der Verantwortlichen diese bedeutsame Verhaltensvariante in ihrer grundlegenden Notwendigkeit und Unabdingbarkeit, gewissermaßen als reale und kalkulierbare Planposition, fest verankert wird. Diese ideologische Wirkung ist u. E. von großer Bedeutung, weil es noch erhebliche Unklarheiten und auch Widerstände gegen Risiken und ihre „Einplanung" zu überwinden gilt. Dabei ist unbestritten, daß das planmäßige Berücksichtigen von Risiken sowohl zur Entscheidung zwingt, auf welchen Gebieten mit welchen Mitteln und Maßnahmen Spitzenleistungen auch über den Weg des Risikos erzielt werden können, als aber auch verlangt, daß gleichermaßen planmäßig Reserven, auch Ersatzvarianten und ähnliche Positionen in diesem Prozeß berücksichtigt werden.

„In der Planausarbeitung bringt das Erkennen und das Beeinflussen von Risiken eine qualitative Verbesserung und höhere Zuverlässigkeit des Planes und weiterer, davon abgeleiteter Entscheidungen. Es geht deshalb nicht nur um die Möglichkeit, sondern um die zwingende Notwendigkeit, auf allen volkswirtschaftlichen Ebenen und in allen Reproduktionsphasen das Risiko zu erfassen, zu quantifizieren und immer bessere zu berücksichtigen."[87] Wirtschaftswissenschaftler gehen, sofern sie sich zu dieser Problematik äußern, davon aus, daß die Bildung von Reserven eine gute Möglichkeit zur Berücksichtigung von Risiken in Planentscheidungen bildet und namentlich Arbeitskraftreserven, Reserven an Arbeitsgegenständen, Materialreserven, Arbeitsmittelreserven u. ä. planmäßig vorzusehen sind.[88] Wir halten dies gleichermaßen für bedeutsam, meinen jedoch, daß es neben einer planmäßigen Reservebildung im Planungsprozeß wesentlich um die Bestimmung der hauptsächlichen, am internationalen Maßstab orientierten Aufgabenstellungen geht, bei denen schöpferisch-riskantes Handeln mit all den damit verbundenen Reserven als reale Handlungsvariante vorgesehen und von da her Plankennziffern für ihre Realisation und damit *auch* die Möglichkeit des negativen Ausgangs vorgesehen werden. Die gesamtvolkswirtschaftliche Einordnung des Problems, daß objektiv notwendige wissenschaftlich-technische, wirtschaftliche, handelspolitische und andere Risiken akzeptiert und schöpferisch bewältigt werden müssen, ist u. E. grundlegend nur als Aufgabe der Planung und Leitung zu begreifen und zu lösen. Dazu gehören auch die Beherrschung der Komplexität der Wirtschafts- und Wissenschaftsbeziehungen, die Sicherung eines hohen Anspruchsniveaus insbesondere an wissenschaftlich-technische und wirtschaftliche Leistungen, die strikte und umfassende Durchsetzung von Leitungs- und Leistungsprinzipien, die insgesamt ein hohes Niveau der Leistungen fordern und ökonomisch-materiell auch *erzwingen*. Dazu gehören Grundfragen der Stimulierung dieser Prozesse, der Gestaltung der rechtlichen Beziehungen zwischen Forschung, Entwicklung und Produktion, der planmäßigen Förderung hoher Leistungsbereitschaft mit dem Ziel, das schöpferische Niveau der Arbeit schneller zu steigern, höhere Ziele zu stellen und zu realisieren. Dabei gilt die Verwirklichung der Forderung der Parteiführung auf dem 5. Plenum, daß „in jedem Betrieb die Erzeugnisse und Verfahren kompromißlos mit dem internationalen Stand zu vergleichen sind. An den so erzielten Bestwerten müssen sich die

Aufgaben orientieren."[89] Sowohl die Förderung einer hohen Leistungsbereitschaft der Werktätigen als auch die kompromißlose Verwirklichung von am Weltstand orientierten Leistungen sind unmittelbar mit Grundfragen der Leitung dieser Prozesse, ihrer einheitlichen Ausrichtung und rechtlichen Durchsetzung, auch Erzwingung verbunden. Das betrifft die Betriebe als kollektive Produzenten in gleichem Maße wie den einzelnen Werktätigen als individuellen Produzenten.

W. M. Tschikwadse stellte für die Sowjetunion bereits vor Jahren fest, daß eine „der Ursachen für den unbefriedigenden Stand hinsichtlich der Einführung der neuen Technik darin (besteht), daß die Betriebe die ihnen zustehenden Rechte immer noch nicht genügend wahrnehmen. Es müssen Voraussetzungen geschaffen werden, die es nicht nur ermöglichen, daß die Betriebe ihre Rechte auf dem Gebiet der neuen Technik weitgehend wahrnehmen können, sondern die sie auch zu einer konsequenten Nutzung dieser Rechte stimulieren". Und an anderer Stelle: „Es ist alarmierend, wenn es mitunter vorkommt, daß Betriebe nicht nur kein Interesse an der Nutzung der Errungenschaften der Wissenschaft und Technik zeigen, sondern sich sogar dagegen wehren, weil sie mit großen Aufwendungen, Verteuerungen der Produktion usw. verbunden sein kann."[90]

Ähnliche Feststellungen sind auch für die DDR zu treffen. Der IX. Parteitag der SED hat die Notwendigkeit unterstrichen, die ökonomischen Kategorien Kosten, Preis und Gewinn zunehmend besser für die Steigerung der Produktion, die Beschleunigung des wissenschaftlich-technischen Fortschritts, die Verbesserung der Qualität der Erzeugnisse und Leistungen und damit eine dem Bedarf der Bevölkerung optimal gerecht werdende Produktion zu nutzen. Im Rahmen der sozialistischen Intensivierung sind im wesentlichen Aufgaben dieser Art zu lösen. Hinsichtlich der Anforderungen an die Leitung dieses Prozesses formuliert das Programm der SED: „Den qualitativen Kennziffern, die Aufwand und Ergebnis zum Ausdruck bringen, kommt ein entscheidender Platz in der Leitung, Planung und ökonomischen Stimulierung zu. Dem dient die wirtschaftliche Rechnungsführung der Betriebe und Kombinate, deren Wirksamkeit auf der Grundlage der staatlichen Pläne zu erhöhen ist. Es ist die Aufgabe der Betriebskollektive, einen ständig wachsenden Ertrag aus der Produktion für die Gesellschaft zu erwirtschaften. Die ökonomischen Stimuli werden wirksamer für die bedarfs- und vertragsgerechte Produktion, die Steigerung der Produktivität, zur Beschleunigung des wissenschaftlich-technischen Fortschritts, für die Verbesserung der Qualität der Erzeugnisse und Leistungen sowie für die Senkung der Kosten eingesetzt."[91] Es ist davon auszugehen, daß die neuen Grundsätze für die Bildung der Industriepreise[92] diesen Prozeß wirkungsvoll fördern werden und bedeutsame neue Ansatzpunkte damit zur konsequenten Durchsetzung des wissenschaftlich-technischen Fortschritts geschaffen sind. Rechtlich und ökonomisch ist zu sichern, daß die grundlegenden Leistungskomponenten, wie Quantität und Qualität der Erzeugnisse und Leistungen sowie der erforderliche Aufwand den Stellenwert im Gesamtsystem wirtschaftlicher Kennziffern und rechtlicher Bewertungsmaßstäbe erhalten, der ihnen als Grundlage aller wirtschaftlichen und sozialen Effekte zukommt. Die ökonomische und rechtliche Stimulation neuer Erzeugnisse mit hohem Gebrauchswert und niedrigen Kosten, die Gewährung von Zusatzgewinnen für neue wissenschaftlich-technische Erzeugnisse mit hohem ökonomischem Nutzeffekt, die bessere Verbindung der Zuführungsbedingungen der betrieblichen Fonds mit den Leistungskriterien, die stärkere Verbindung qualitativer Kriterien mit Leistungs- und Prämienfonds sowie eine differenzierte Preisgestaltung mit hohen Gewinnanteilen für neue Erzeugnisse stellen Aufgaben dar, die von Ökonomie und Recht gemeinsam gelöst und mit hohem sozialistischem Bewußtsein verwirklicht werden müssen.[93]

„Der steigende soziale Wert des Rechts ist mit der Notwendigkeit verknüpft, hohe Organisation in allen Lebensbereichen zu sichern. Die für die Vergangenheit charakteristische Tendenz des Rechts zur Regelung der Klassenbeziehungen und Konflikte wird immer stärker durch die Entfaltung der Eigenschaften des Rechts als gesamtsozialer Regulator ersetzt."[94] Eine solche unmittelbar praktische Regulierungsfunktion besitzt das sozialistische Recht beispielsweise im Hinblick auf die objektiv erforderliche Erhöhung der Wirksamkeit von Forschungs- und Entwicklungsleistungen, ihre planmäßige und schnelle Überleitung in die gesellschaftliche Produktion und die schnellstmögliche Nutzung der Erzeugnisse.

Forschungs- und Entwicklungskollektive und deren Leistungen sind jedoch anders zu leiten und zu stimulieren, als dies etwa der Fall ist, wenn die Produktion einer viele Jahre gleichmäßig und traditionell arbeitenden Erzeugnisart gesteigert werden soll. Die auch mit rechtlichen Mitteln zu leitenden, zu stimulierenden und unter entsprechenden Voraussetzungen auch mit Sanktionen zu belegende Arbeit im Forschungs- und Entwicklungsbereich hat die Spezifika dieses Arbeits- und Schaffensprozesses zu berücksichtigen und solche Leistungsformen zu entwickeln, die insbesondere das Neue, Erfolgversprechende, am internationalen Maßstab Orientierte fördern. Qualitative Leistungskennziffern, die sowohl den *Prozeß* als auch die *Resultate* bewerten, sind hier unabdingbar. Eben aus diesem Grunde darf man z. B. die Grundlagenforschung nicht dadurch entwerten, daß man sie, wie K. Hager dies kritisch feststellte, „nur unter dem Blickwinkel ihres unmittelbaren ökonomischen Nutzens einschätzt. Ihr unmittelbar ökonomischer und volkswirtschaftlicher Nutzen ist nicht immer sofort und in Mark und Pfennig ausweisbar. Eine ihrer Besonderheiten besteht außerdem darin, daß das Risiko, der Grad der Unbestimmtheit im Hinblick auf die Ergebnisse in ihr, besonders hoch ist. Nicht jedes Problem, das in der Grundlagenforschung bearbeitet wird, liefert die erwarteten Resultate. Auch das muß in Rechnung gestellt werden, und dieses Risiko muß eingegangen werden. Ein Risiko eingehen ist aber nicht gleichbedeutend mit verantwortungslos handeln. Selbstverständlich sind wir daran interessiert, das Risiko, hohe Mittel für eventuell ergebnislose Forschungen auszugeben, möglichst gering zu halten. Eben aus diesem Grunde messen wir der prognostischen Bestimmung der aussichtsreichsten Forschungsrichtungen eine große Bedeutung bei ... Wir orientieren darauf, das Risiko so gering als möglich zu halten; völlig ausschalten läßt es sich in der Grundlagenforschung jedoch niemals."[95] Analoge Feststellungen sind im Hinblick auf den Gesamtprozeß zu treffen.

Besonderes Augenmerk verdient in diesem Zusammenhang der Prozeß der Überleitung wissenschaftlich-technischer Ergebnisse und Resultate in die Praxis. Hier wird einerseits in besonderem Maße sichtbar, daß rechtliche Maßnahmen nur wirksam werden können, wenn sie insgesamt organisch eingeordnet sind in die Gestaltung dieses Prozesses und solche Rechte und Pflichten der am Prozeß Beteiligten konstituiert sind, die gesellschaftliches und individuelles Interesse an der schnellstmöglichen Nutzbarmachung wissenschaftlich-technischer Resultate gleichermaßen erfassen und zum Ausdruck bringen. Diese Prämissen gelten für die Überleitungsphase generell. Sie sind dann in besonderem Maße bedeutsam, wenn dabei Risiken auftreten und zu bewältigen sind. Es ist auf der einen Seite leitungsmäßig zu sichern,

— daß der Grundsatz „Was der Gesellschaft nicht von Vorteil ist, das muß in jedem

Fall auch für den Betrieb unvorteilhaft sein" — und umgekehrt — konsequent durchgesetzt wird;

— daß negative ökonomische Folgen infolge des Zurückbleibens des technischen Niveaus für den Betrieb stets schlimmere Folgen haben als unvorteilhafte Auswirkungen während der Überführungsperiode;

— daß die Leiter bei Verzögerungen der Überleitung von wissenschaftlich-technischen Errungenschaften in die Produktion in jedem Fall stärker zur Verantwortung gezogen werden als für die Nichterfüllung des Produktionsplanes einer längst nicht mehr dem neuesten Stand entsprechenden „eingefahrenen" Produktionsart.[96]

„Unserer Auffassung nach muß die Orientierung auf das Wachstum des Gebrauchswertes und auf die Senkung der gesellschaftlich-notwendigen Aufwendungen pro Einheit des Gebrauchswertes zur Hauptorientierung in der Planung und Stimulierung der Produktion werden. Gerade diese Faktoren entsprechen den Interessen des wissenschaftlich-technischen Fortschritts und dem Wachstum der Effektivität der Produktion. Das Rechtswesen könnte diese Orientierung der Produktion durch Verankerung bestimmter Kennziffern der Planung und Stimulierung der Tätigkeit der Betriebe, Vereinigungen, Ministerien fördern."[97] Zum anderen ist es dringend erforderlich, solche Rechte und Pflichten der am Gesamtprozeß Beteiligten vorzusehen, die stärker Typik und Spezifik des Prozesses und weniger institutionelle Aspekte — hier Forschungs- und Entwicklungsbereich — da Produktionsbereich — berücksichtigen. Mitwirkungspflichten, wie sie gegenwärtig noch relativ unverbindlich rechtlich vorgesehen sind, sind ohne exakte Inhaltsbestimmung, ohne positive und negative Interessenregulation (durch rechtliche Stimulierung und Sanktionierung) nur schwerlich geeignet, den Gesamtprozeß leitungsmäßig sicher zu beherrschen. Die namentlich mit der 3. Durchführungsverordnung zum Vertragsgesetz geschaffenen Möglichkeiten, auftretende Risiken in diesem Prozeß gemeinsam zu tragen und zu verantworten,[98] müssen u. E. ausgebaut werden, um zu gewährleisten, daß die Phase der Überleitung wesentlich stärker in den Gesamtprozeß wissenschaftlich-technischer Produktion und seine planmäßige Leitung und Gestaltung eingeordnet wird.

Schließlich ist es auch aus der Sicht langfristig zu kalkulierender, einzuplanender und leitungsmäßig zu beherrschender Risiken äußerst bedeutsam, daß strategische Wissenschafts- und Wirtschaftsentscheidungen auf der Grundlage umfassender Analysen getroffen werden und objektiven Erfordernissen in ihrer Komplexität gerecht werden. Nur so ist leitungsmäßig zu sichern, daß Wissenschaft und Technik tatsächlich bestimmenden Einfluß auf das Entwicklungstempo und -niveau der Gesellschaft ausüben. Nur so kann von vornherein verhindert werden, daß Forschungs- und Entwicklungsthemen abgebrochen werden, weil die Zielstellung nicht genügend geklärt war; aus Gründen der Produktionsstruktur keine Überführungsmöglichkeit besteht; in unzureichendem Maße die Verknüpfung mit der Investitionstätigkeit erfolgt und schließlich eine ungenügende Prüfung von Aufwand und Resultat zu Beginn der Arbeiten erfolgt war.[99] Dies alles verdeutlicht Schwachstellen in der Leitung und Planung von Wissenschaft und Technik und weist zugleich auf grundlegende Aufgaben des sozialistischen Rechts hin, aktives und schöpferisches Handeln zu fördern und nicht zuzulassen, daß mangelnde Verantwortung, in welcher Phase sie auch immer praktiziert wird, wie immer sie konkret in Erscheinung tritt, mit dem Schein des gerechtfertigten Risikos umgeben wird. Das sozialistische Recht als ein bedeutsames Instrument staatlicher Leitungstätigkeit verpflichtet die Leiter und die Werktätigen, daß übertragene

Rechte und Befugnisse über Fonds und Ressourcen verantwortungsvoll *genutzt* und nicht mißbraucht werden. Dies ist im Hinblick auf Leistungen mit schöpferischem Gehalt und Ansprüchen, wie sie vom internationalen Leistungsstand markiert werden, ungleich komplizierter als im Hinblick auf Aufgaben-, Rechte- und Pflichtenbestimmung etwa bei routinemäßigen Prozessen. Es ist daher eine prinzipielle Aufgabe des gesamten sozialistischen Rechts, bei der Übertragung von Rechten und Pflichten auf die am Gesamtprozeß Beteiligten, *bei der Wertung von Resultaten und im Hinblick auf die kriteriale Bestimmung des Eintritts von Sanktionen stärker als je zuvor die spezifischen Probleme der Entstehung wissenschaftlich-technischer Leistungen mit Neuheitsgrad und hohem internationalem Niveau zu berücksichtigen und im Bewußtsein der ganzen Gesellschaft ihren hervorragenden Stellenwert zu verankern.*

Es betrifft u. E. eine grundlegende Aufgabe sozialistischer Leitungstätigkeit, das Problem des Risikos in seiner objektiven Determiniertheit, quantitativen Häufigkeit und grundlegenden gesellschaftlichen Wertigkeit zu erfassen und verhaltenswirksam zu machen. Wenn Mattig etwa anhand der Analyse der Komplikationsdichte ärztlicher Eingriffe die Größe des Risikos für die verschiedensten ärztlichen Eingriffe quantitativ zu bestimmen versucht, so ist damit eine wertvolle Entscheidungshilfe für jeden Mediziner gegeben. Insofern reicht die Bedeutung dieser Arbeit, ihr methodischer Wert weit über den spezifischen Sachbereich hinaus, und sie bildet ein äußerst bedeutsames Leitungsinstrument, das, wie Mattig selbst feststellt, „allen Ärzten außerhalb ihres speziellen Fachgebietes eine rasche Orientierung ermöglicht, dem medizinischen Gutachter eine breite Palette an Informationen über Komplikationsmöglichkeiten und -häufigkeiten (bietet) und dem Juristen eine Einarbeitung in rechtlich relevante medizinische Probleme erleichtert."[100]

Natürlich sind Zusammenstellungen über die Komplikationsdichte ärztlicher Eingriffe für die Entscheidungsfindung nur insoweit bedeutsam, als sie den Schwierigkeitsgrad und die Größe des Risikos gewissermaßen als Durchschnittswert anzugeben vermögen. Die Abstraktion von den konkreten Umständen des Einzelfalls bedingt, daß z. B. rechtliche Wertungen stets sowohl die allgemeinen Aussagen als auch die konkreten Bedingungen des Einzelfalls umfassend zu berücksichtigen haben. Nichtsdestoweniger bieten derartige Zusammenstellungen profunde Entscheidungshilfen, und wir betrachten es als eine bedeutsame Aufgabe sozialistischer Leitungstätigkeit gerade auf dem Gebiet des wissenschaftlich-technischen Fortschritts, dem wissenschaftlich tätigen Praktiker und dem praktisch tätigen Wissenschaftler auf technischem und technologischem Gebiet Erfahrungswerte zu vermitteln, auf denen er aufbauen und die er bei seiner Arbeit umfassend berücksichtigen kann.

Die weitere Entwicklung der Leitungspotenzen des sozialistischen Rechts ist u. E. mit der Aufgabe verknüpft, sowohl Stabilität als auch Dynamik gesellschaftlicher Prozesse und Beziehungen konstruktiv sichern zu helfen. Bei der Durchsetzung des wissenschaftlich-technischen Fortschritts mit Hilfe des sozialistischen Rechts kommt es wesentlich darauf an, klare Ausgangs- und Endpositionen — wenn man so will, Grenzziehungen — vorzunehmen und weniger Einzelforderungen und kasuistische Elemente im sozialistischen Recht zu belassen. Insofern halten wir den gesetzgeberischen Weg, wie er mit § 169 StGB beschritten wurde und der besagt, daß ein gerechtfertigtes Wirtschafts- und Entwicklungsrisiko dann gegeben ist, wenn bei tragfähiger wirtschaftlicher Zielstellung der „Handelnde nach verantwortungsbewußter Prüfung aller die Handlung betreffenden Umstände die eingetretenen wirtschaftlichen Nachteile für wenig wahrscheinlich oder aber für wesentlich geringer als den vorgesehenen wirtschaftlichen Nutzen halten durfte" (vgl. § 169 StGB), für allgemein bedeutsam und auch in anderen Rechtszweigen anwendbar. Diese gesetzliche Fixierung des objektiven Prozesses der Gewinnung neuen Wissens und dessen Anwendung in der gesellschaftlichen Praxis ist mindestens unter zwei Gesichtspunkten interessant: *Erstens* wird mit dieser Norm eine Verhaltensforderung fixiert und eine Handlungsanleitung vermittelt, die ein hohes Maß an Beherrschung der konkreten Sachfragen, Umsicht und Verantwortungsbewußtsein im Hinblick auf die die konkrete Entscheidung tangierenden wirtschaftlichen, wissenschaftlich-technischen, zeitökonomischen usw. Probleme fordert sowie eine angemessene Bereitschaft zu schöpferischer, auch partielle Nachteile nicht scheuender Verantwortungsbereitschaft voraussetzt. So wird die gesetzliche Forderung nach allseitiger Beachtung und Berücksichtigung „aller die Handlung betreffenden Umstände" im Grunde zu einer relativ neuen, den Erfordernissen der wissenschaftlich-technischen Revolution voll Rechnung tragenden Gesetzesformulierung, die in sich das Konzept der verantwortungsvollen Entscheidung aller Sachfragen enthält. Diese *flexible* Tatbestandsfassung trägt der Dynamik des wissenschaftlich-technischen, wirtschaftlichen und gesellschaftlichen Fortschritts Rechnung, indem sie selbst dynamischer Natur ist und ständiger sachadäquater Ausfüllung bedarf.

Eine *zweite* wesentliche Tatbestandseigenschaft weist der § 169 StGB dadurch auf, daß der mögliche Eintritt negativer ökonomischer Resultate im Rahmen vorgegebener Bedingungen *a priori akzeptiert* wird. Dabei geht es nicht um Probleme, wie sie vergleichbar in den traditionellen gesetzlichen Rechtfertigungsgründen enthalten sind, sondern um die gesetzliche Fixierung der Tatsache, daß dynamische Wirtschaftsprozesse, schöpferische Entscheidungen voraussetzende und erfordernde Aufgabenstellung in zunehmendem Umfange mit einem wenigstens partiellen negativen Verlauf verbunden sein können und die Menschen bei ihren Entscheidungen und Handlungen mit dieser Tatsache konfrontiert werden. Dazu gehört auch die grundlegende gesetzliche Bestimmung derjenigen Leistungen, die mit riskanten Elementen verbunden sind, und damit eine in den Grundstrukturen einheitliche rechtliche Charakterisierung von typischen Handlungserfordernissen schöpferisch-riskanter Natur. Hierbei kommt es nicht in erster Linie darauf an, die in den verschiedenen Sozialbereichen tatsächlich und möglicherweise notwendig werdenden Risikohandlungen systematisch erfassen zu wollen und vielleicht sogar zu katalogisieren, sondern es geht darum, Grundmodelle oder Grundsachverhalte rechtlich insoweit zu erfassen, daß sie typische Risikoerfordernisse als rechtliche Handlungsanforderungen konstituieren und damit Verbindlichkeit und Unabdingbarkeit derartigen Verhaltens zum Ausdruck bringen.

Im Rahmen derzeit vorliegender Rechtsakte werden Risiken z. B. dann als gerechtfertigt anerkannt, wenn

— die Erprobung des Zusammenwirkens der Teile von Rationalisierungsmitteln unter neuen Bedingungen (Klima, Medium usw.) fehlt oder nicht ausreichend ist bzw. wenn eine solche Erprobung aus ökonomischen oder technischen Gründen nicht zweckmäßig oder üblich ist;

— bei Rationalisierungsmitteln das Überspringen von Entwicklungsstufen aus ökonomischen oder technischen Gründen zu rechtfertigen ist;

— bei der Herstellung von Rationalisierungsmitteln neue, noch nicht ausreichend erprobte Verfahren und Technologien angewandt oder noch nicht ausreichend erprobte

Rohstoffe oder Materialien eingesetzt werden, sofern dies aus ökonomischen Gründen erforderlich ist.[101]

Mit diesen Bedingungen sind zugleich bedeutsame *inhaltliche* Anforderungen an ihre sachgemäße Bewältigung, d. h. konkrete Rechte und Pflichten der riskant Handelnden fixiert.

Ökonomische oder technische Zweckmäßigkeit, wirtschaftliche Notwendigkeiten (z. B. das Überspringen von Entwicklungsstufen), Zulässigkeit der Verwendung nicht ausreichend erprobter Materialien und Rohstoffe in den hier relevanten Fällen korrespondieren mit Kriterien wie Fortschritt z. B. in der medizinischen Betreuung, Sachgemäßheit der Handlungsdurchführung, Zumutbarkeit und Vertretbarkeit im Rahmen der medizinischen Betreuung[102] bzw. mit solchen Kriterien wie medizinisch indiziertem Eingriff, wissenschaftlicher Todzeitfeststellung durch ein Ärztegremium, hoher Wahrscheinlichkeit der Rettung des Lebens eines Kranken und geringer Wahrscheinlichkeit für gesundheitliche Beeinträchtigungen beim Organspender, Zustimmung des Spenders zur Organentnahme, umfassender Aufklärung des Spenders über mögliche Folgen und Risiken der Organentnahme[103] bei Organtransplantationen. Damit wird allgemein sichtbar: Die Kennzeichnung der Sachbereiche, in denen schöpferisch-riskantes Handeln als objektiv erforderliche Handlungsvariante bereits von den gesetzlichen Regelungen her erfolgt und zugleich Rahmenkriterien für die Berechtigung oder Nichtberechtigung von Einzelhandlungen fixiert werden, erfüllt objektiv Leitungsfunktionen und ist für das konkrete Verhalten der Menschen von grundlegender Bedeutung. Es ist daher u. E. bei der Gestaltung von Rechtsverhältnissen prinzipiell zu berücksichtigen, ob und unter welchen konkreten Voraussetzungen schöpferisch-riskantes Handeln gesetzgeberisch vorzusehen ist, weil damit die objektive Notwendigkeit, Entscheidungsfreude, Verantwortungs- und Risikobereitschaft zu stärken, in den Rang einer gesetzlichen Forderung erhoben wird. Konkrete gesetzgeberische Maßnahmen zur konsequenten Durchsetzung des wissenschaftlich-technischen Fortschritts und seiner Anforderungen sind in nahezu allen Sozialbereichen erforderlich und betreffen eine grundlegende Leitungsaufgabe. „Während bei vorwiegend reproduktiver Tätigkeit die zu realisierenden Normen, die Handlungsrichtung sowie die möglichen Realisierungswege relativ eindeutig vorgegeben sind, müssen Menschen, die neue Tätigkeitsziele entwickeln und nach neuen Wegen zu ihrer Realisierung suchen, stets einen festen Bezugspunkt haben, auf den sie ihre schöpferischen Tätigkeitsziele orientieren können. Fehlt ihnen dieser Bezugspunkt, kann ihr originelles Tätigsein gesellschaftlich wertlos bleiben oder gar schädlich wirken."[104]

2. Einige Probleme der Rechtsgestaltung und Rechtsverwirklichung hinsichtlich schöpferisch-riskanten Handelns von Betrieben und Kombinaten

Die Intensivierung der gesellschaftlichen Produktion ist zum entscheidenden Kettenglied der gesellschaftlichen Entwicklung geworden. Der wissenschaftlich-technische Fortschritt als Hauptfaktor der Intensivierung ist in der gesamten Volkswirtschaft so zu planen, zu leiten und produktionswirksam zu machen, daß die Ziele der Leistungs- und Effektivitätsentwicklung erreicht und überboten werden.[105] Die unmittelbare Leitung dieses Prozesses stellt an das sozialistische Recht vielfältige Aufgaben. Sie haben insgesamt zu bewirken, daß auf der Grundlage einheitlich und komplex geplanter wissenschaftlich-technischer und wirtschaftlicher Zielstellungen eine schnellere Erhöhung des Niveaus der wissenschaftlich-technischen Arbeit, eine bessere Nutzung der Forschungskapazitäten und die Realisierung höherer Leistungsziele, die volle Entfaltung der schöpferischen Fähigkeiten der handelnden Menschen erreicht wird.

Bei aller Würdigung hervorragender Leistungen, die die Werktätigen in diesem Prozeß bereits vollbracht haben, kommt es jetzt darauf an, „höhere Ziele zu stellen und zu realisieren . . . Nur dann entstehen weltmarktfähige Endprodukte. Für die Erhöhung der Effektivität der Produktion mit Hilfe des wissenschaftlich-technischen Fortschritts sind die Möglichkeiten des Beschlusses über die Leistungsbewertung der Betriebe und Kombinate konsequent zu nutzen."[106] Verschiedenartige rechtliche Leitungsmittel, unter denen zweifellos die zur Preisbildung für neu- und weiterentwickelte Erzeugnisse und Leistungen einen bedeutsamen Stellenwert besitzen, sind darauf gerichtet, derartige Resultate zu erreichen. Dabei ist festzustellen, daß teils direkt, teils indirekt auch Probleme der rechtlichen Regulation schöpferisch-riskanter Handlungen, insbesondere der Verantwortlichkeiten beteiligter Wirtschaftseinheiten, in diesem Zusammenhang von Bedeutung sind. Dem sozialistischen Wirtschaftsrecht als äußerst bedeutsamem Rechtszweig, von dessen Haltung zum Risiko ganz wesentlich die Beantwortung der Frage abhängt, ob Initiativverhalten rechtlich gefördert oder erdrückt wird, kommen u. E. grundlegende Aufgaben bei der Stimulierung des Risikos zu. Dabei geht es um folgende Ziele:

— Das Wirtschaftsrecht muß mit seinen spezifischen Mitteln dazu beitragen, eine gesunde Risikobereitschaft bei den Werktätigen und ihren Kollektiven durch effektive Gestaltung der ökonomischen Hebel zu wecken und eine aus schlechten Erfahrungen resultierende Scheu vor dem Risiko überwinden zu helfen.

— Das Wirtschaftsrecht muß mit einem ganzen System von Regelungen zur Bewältigung der durch das Risiko möglicherweise entstehenden negativen Folgen beitragen. Dazu gehören die vertraglichen Vereinbarungen über Risikobeteiligung und -übertragung, die Anwendung der Grundsätze der materiellen Verantwortlichkeit bei Pflichtverletzungen und Risikobewältigung durch Reservebildung.[107]

Gute Ansätze zur Erfassung des Risikoproblems wurden mit der 3. Durchführungsverordnung zum Vertragsgesetz — Wirtschaftsverträge über wissenschaftlich-technische Leistungen[108] — entwickelt. Neben dem auch für die Risikoproblematik wichtigen Grundsatz, daß das Bekanntwerden neuer wissenschaftlich-technischer Erkenntnisse, die keiner der Vertragspartner bei Vertragsabschluß voraussehen konnte, als Umstand gilt, der von keinem der Vertragspartner verursacht wurde, sind die in der 3. DVO ausdrücklich eröffneten rechtlichen Möglichkeiten zur Teilung des Risikos und damit zur wirtschaftsrechtlichen Erfassung und interessenadäquaten Gestaltung schöpferisch-riskanter Handlungen durch Betriebe und Kombinate von grundlegender Bedeutung. Einerseits wird für die Gestaltung von Wirtschaftsverträgen über wissenschaftlich-technische Leistungen gefordert, daß über das mit der Erprobung verbundene entwicklungsbedingte Risiko die Partner Vereinbarungen treffen sollen. Für den Fall, daß die Erprobung beim späteren Anwender durchgeführt wird, soll das Risiko geteilt werden (§ 29 Abs. 2). Zum anderen wird mit § 37 bestimmt, daß die Partner unter Berücksichtigung des aus den spezifischen Bedingungen und der Art der Leistung sich ergebenden Risikos sowie des im Falle einer Vertragsverletzung zu erwartenden Schadens Vereinbarungen über die Höhe der Vertragsstrafe und den Umfang des Schadensersatzes treffen können. Dies ist eine ganz wesentliche Berücksichtigung des spezifisch schöpferischen Moments bei allen wissenschaftlich-technischen Leistungen; die vertragliche

Verantwortungs- und Haftungsgestaltung ermöglicht eine erhebliche Flexibilität in den Sachfragen und stimuliert durchaus auch zum Risikoverhalten. Daß dies natürlich nur hinsichtlich des gerechtfertigten Risikos gilt, wird gleichermaßen deutlich hervorgehoben. Daher bestimmt § 37 Abs. 3, daß Vereinbarungen über eine Beschränkung des Umfangs der Schadenspflicht nicht wirksam werden, wenn die „Vertragsverletzung" — es ist u. E. überaus fraglich, in Fällen des gerechtfertigten Risikos überhaupt von einer Verletzung des Vertrages zu sprechen — auf einen groben Verstoß gegen die sozialistische Vertragsdisziplin oder eine schwerwiegende Verletzung der bei der Durchführung wissenschaftlich-technischer Leistungen zu beachtenden Sorgfaltspflicht zurückzuführen ist.

Es ist u. E. unbeschadet der mit der 3. DVO zum Vertragsgesetz eröffneten Möglichkeiten zur wirtschaftsrechtlichen Regelung riskanter Handlungsvarianten ein grundlegender Mangel geltender wirtschaftsrechtlicher Regelungen, den Problemen des Risikos nicht oder in ungenügender Weise Rechnung zu tragen. So bleibt es oft bei der Aufgabenstellung, den wissenschaftlich-technischen Fortschritt durchzusetzen, neueste Erkenntnisse von Wissenschaft und Technik schnell produktionswirksam zu machen, ohne daß im Normativakt selbst die Konsequenzen eines solchen Handelns Berücksichtigung etwa bei den Regelungen zur Verantwortlichkeit, dem Ausschluß von Verantwortlichkeit bei gerechtfertigtem Risiko oder im Hinblick auf vertraglich zu vereinbarende „Risikoteilungen" enthalten wären. Wenn z. B. der Abschnitt VI 3.3. des Beschlusses über die Planung und Leitung des Prozesses der Reproduktion der Grundfonds vom 16. 2. 1970[109] fordert, das neueste Erkenntnisse aus Forschung und Entwicklung auch während der Realisierung der Vorhaben noch in die Projekte eingearbeitet werden, aber keine Hinweise für die praktisch-rechtliche Verwirklichung dieser Forderung enthält, so ist die Wirksamkeit dieser rechtlichen Forderung von vornherein eingeschränkt. Durch die teilweise Ausgestaltung der Investitionsleistungsverträge zu bestimmten ausgewählten Vorhaben als „Risikoverträge" könnte dieser Forderung insbesondere bei großen Investitionsvorhaben u. E. entschieden besser entsprochen werden.

Der Abschluß von Verträgen mit „Risikocharakter" könnte u. E. auch in folgender Hinsicht einer schnelleren Durchsetzung wissenschaftlich-technischer Erkenntnisse dienen: Es muß in einigen wissenschaftlich-technischen Bereichen festgestellt werden, daß für die Erfüllung der berechtigten Forderungen der Praxis nach hocheffektiven Maschinen, Geräten und Technologien der notwendige wissenschaftliche Vorlauf fehlt. In vielen Fällen helfen sich die Betriebe und Kombinate und entwickeln selbst die Ausrüstungen und Technologien, die ihren Bedürfnissen entsprechen. Mit der „Verordnung über die Förderung der Tätigkeit der Neuerer und Rationalisatoren in der Neuererbewegung" vom 22. 12. 1971 hat unser Staat die bedeutsame gesetzliche Grundlage dafür geschaffen, daß schöpferischem Schaffen der Arbeiterklasse und der anderen Werktätigen breiter Raum gegeben wird.

So entwickelten z. B. Neuerer der ZBO „Landbau" in N. ein Verfahren zur Errichtung von Industrieschornsteinen in Gleitbauweise. Bisher wurden diese Schornsteine in Montagebauweise errichtet. Während die Errichtung eines 30 m hohen Schornsteins in Montagebauweise etwa 18 Tage Bauzeit und 80 TM Investmittel erfordert, werden in der Gleitbauweise etwa 6 Tage Bauzeit und 11 TM Investmittel benötigt. Dieses neue Verfahren läßt sich bei Schornsteinen bis 150 m Höhe anwenden. Die Anwendung erfolgte erstmals bei der Realisierung einer Anlage in U. Das damit verbundene Risiko trugen Investträger und Baubetrieb gemeinsam.

Ein anderer Sachverhalt: Bei der Errichtung von Anlagen zur industriemäßigen Tierproduktion gewinnt das Problem der Verwertung der anfallenden Gülle immer mehr an Bedeutung. Derzeitig kann von den zuständigen wissenschaftlichen Einrichtungen dazu keine praxisreife Lösung vorgelegt werden. Neuerer der ZBO Landbau in N. entwickelten gemeinsam mit dem VEB in N. ein Verfahren zur Trennung der Gülle in ihre feste und flüssige Phase, was wesentlich geringere Probleme bei ihrer Verwertung mit sich bringt. Dem zuständigen Ministerium wurde der Vorschlag unterbreitet, dieses Verfahren für eine Breitenanwendung in industriemäßigen Anlagen der Schweineproduktion zu bestätigen.*

Unter bestimmten Voraussetzungen könnte also durch den Abschluß von „Risikoverträgen" mit Teilung des Risikos erreicht werden, daß eine gewisse Scheu, einseitig mit Risiken konfrontiert und möglicherweise belastet zu werden, abgebaut und mit Hilfe des sozialistischen Rechts wirkungsvoll zur schnelleren Durchsetzung des wissenschaftlich-technischen Fortschritts beigetragen werden kann.

Ohne in der Sache weitere rechtliche Erwägungen anzustellen — dies ist Aufgabe des sozialistischen Wirtschaftsrechts selbst —, ist grundsätzlich darauf zu verweisen, daß die wirtschaftliche Regelung und Stimulierung riskanten Handelns verstärkt das praktische Interesse der Betriebe und Kombinate an einem solchen Verhalten zum Gegenstand haben sollten. Es geht nicht *nur* darum, von Schadensersatzleistungen befreit zu werden, sondern in erster Linie um die wirtschaftsvertragliche Kooperation bei notwendigen wissenschaftlich-technischen Leistungen im Risikocharakter und das In-Aussicht-Nehmen und Gewähren von gegenseitigen Vorteilen aus derartiger Gemeinschaftsarbeit. Dies ist u. E. das entscheidende rechtliche Erfordernis, das das Handeln der Betriebe und Kombinate steuert und zur *gemeinschaftlichen* Lösung komplizierter Aufgaben und zu gesamtgesellschaftlich nützlichem Handeln auch im Falle von Risiken stimuliert. Wenn im Hinblick auf Risiken bei der Erprobung wissenschaftlich-technischer Leistungen in der Literatur vorgeschlagen wird, für die „Stimulierung des Interesses an Vereinbarungen über das entwicklungsbedingte Risiko bei der Erprobung wissenschaftlich-technischer Leistungen ... zu überlegen, ob den Partnern nicht auch Vereinbarungen über eine mögliche Teilung der durch die Versuchsproduktion möglicherweise zu realisierenden sonstigen Erlöse vorgeschlagen werden sollten"[110] — so betrifft dies ein grundsätzliches Problem der am gemeinschaftlichen und gegenseitigen Vorteil orientierten Vertragsgestaltung der Betriebe und Kombinate und sollte rechtlich künftig auch als solches behandelt werden. Eine derartige grundlegende wirtschaftsvertragliche Regelung und Erfassung des Risikoproblems als schöpferischer Leistung hat im Kern zu bewirken, daß Notwendigkeit und Problematik riskanter Verhaltensvarianten weniger aus der Sicht von Schadensregulation und Verantwortlichkeitsbeschränkung — auch dies ist zweifelos notwendig — erfaßt werden, sondern vielmehr und in erster Linie als positive Aufgabenstellung mit wechselseitigen Rechten und Pflichten und wechselseitigen Vor- und Nachteilen. Uns scheint, daß eine solche wirtschaftsvertragliche Gestaltungsmöglichkeit viel eher Wirkungen aufzeigt, die an den Interessenlagen der Beteiligten orientiert sind und *Vor- und Nachteile* gleichermaßen *gemeinsam* tragen lassen. Die Vorteile aus schöpferisch-riskanten wissenschaftlich-technischen Leistungen, die in aller Regel ohnehin nicht nur bei einem Vertragspartner auftreten, sondern Wirkungen für viele, nicht selten für volkswirtschaft-

* Diese Sachverhalte wurden dem Verfasser im Rahmen der wissenschaftlichen Betreuung einer Dissertation von Frank Einbock, Eberswalde, mitgeteilt.

liche Prozesse insgesamt haben, machen deutlich, daß ein gemeinsames wirtschaftliches Interesse der Beteiligten Grundlage gegenseitiger Vereinbarungen sein muß, um gemeinsame Anstrengungen und hohe Leistungsbereitschaften zu stimulieren.

Gerade dieser Gesichtspunkt spielt auch in den wissenschaftlichen Arbeiten zur wissenschaftlich-technischen Zusammenarbeit im internationalen Maßstab eine besondere Rolle. Auch hier wird eine höhere Effektivität im zwischenstaatlichen Forschungsprozeß darin gesehen, daß den eigenständigen Problemen der Unbestimmtheit und des Risikos vertragsrechtlich besondere Aufmerksamkeit gewidmet wird. Dies setzt, wie E. Lontai überzeugend nachweist, die Erhöhung der dispositiven Elemente in den vertraglichen Vereinbarungen namentlich über wissenschaftlich-technische Leistungen voraus und erfordert vor allen Dingen, weniger ausgefeilte Sanktionsregelungen, als vielmehr adäquate Stimulierungen des wissenschaftlich-technischen Risikos in den zwischenstaatlichen Verträgen zu gewährleisten. „Mit Hinsicht auf das mit diesen Verträgen verbundene Risiko ist es wünschenswert, bei der Feststellung der Rechtsfolgen der Ungültigkeit das Risiko zwischen den Partnern rationell zu teilen.“ Und im Hinblick auf Mängelhaftung, Garantie und Haftpflicht stellt Lontai die Aufgabe, vertraglich eindeutig „die Konsequenzen festzulegen, die das Risiko nicht ausschließlich auf einen der Partner abwälzen, andererseits (aber) geeignet sind, den Fehler zu beheben und den Vertrag — wenn nötig auch durch Änderung dessen Inhalts — in Wirkung zu halten.“[111]

Diese Flexibilität in der zwischenstaatlichen Vertragsgestaltung bei wissenschaftlich-technischen Leistungen ist auch ein unabdingbares Erfordernis für Wirksamkeit und gesellschaftliche Nützlichkeit derartiger — auch längerfristig gültiger und stets zu konkretisierender — Vereinbarungen.

Die künftige Erarbeitung allgemeiner Bedingungen für den zweifellos mit Besonderheiten ausgestatteten Forschungskooperationsvertrag haben, wie dies Osterland fordert, insbesondere Risikoaspekte ausdrücklich zu berücksichtigen.[112]

Sofern bei der vertraglichen Gestaltung der Beziehungen wesentlich der Prozeßcharakter der Leistungen erfaßt und damit die stochastischen Elemente des Leistungsgegenstandes:

— es sind bei Beginn der Arbeiten keine eindeutigen Angaben möglich;

— über die wirtschaftliche Verwertbarkeit der wissenschaftlich-technischen Leistungen kann zumeist nichts Endgültiges festgelegt werden;

— es besteht keine Sicherheit, ob das angezielte wissenschaftlich-technische Resultat überhaupt erbringbar ist;[113]

verstärkt berücksichtigt werden, kann u. E. nicht nur eine größere Dauerhaftigkeit in der zwischenstaatlichen Zusammenarbeit erreicht, sondern zugleich die rechtliche Verbindlichkeit, gegenseitige Interessiertheit und das gemeinsame schöpferische Engagement für neue wissenschaftlich-technische Höchstleistungen wesentlich gefördert werden. Der hohe Stellenwert, den Verantwortlichkeitsregelungen bei Verträgen über wissenschaftlich-technische Zusammenarbeit einnehmen, erfordert, daß unter Risikogesichtspunkten spezielle Ausgangspunkte und Kriterien allgemeine Gültigkeit erhalten und sichern, daß sie aktiv auf den schöpferischen kooperativen Arbeitsprozeß der Partner einwirken. So sehr daher M. Müller zuzustimmen ist, daß die „mit dem Forschungsrisiko verbundenen Rechtsfragen ... vor allem beim Forschungskooperationsvertrag einer der Spezifik der Beziehungen der Partner entsprechenden Lösung“[114] bedürfen, so wenig dürfte u. E. allein die wissenschaftlich-technische *Unlösbarkeit* der

Aufgabenstellung ein Umstand sein, der die Verantwortlichkeit des Leistungspflichtigen ausschließt. Nicht nur *unlösbare* wissenschaftlich-technische Leistungen sollten beim Auftreten von Risiken die Verantwortlichkeit ausschließen, sondern auch dem gerechtfertigten Risiko geschuldete *Verzögerungen* der wissenschaftlich-technischen Leistungen, *Erhöhungen des materiellen und finanziellen Aufwands* zu ihrer Erbringung sowie Fälle, in denen *statt der ursprünglich angezielten und vertraglich vereinbarten wissenschaftlich-technischen Leistung eine völlig neuartige, vorher überhaupt nicht abschätzbare wissenschaftlich-technische Lösung des relevanten Problems erbracht wird.* Daß bei allen Fragen des Ausschließens von Verantwortlichkeit bei Verträgen über wissenschaftlich-technische Zusammenarbeit der Grundsatz zu verwirklichen ist, daß die Arbeitsergebnisse und wissenschaftlichen Arbeitsmethoden am wissenschaftlich-technischen Höchststand orientiert sind und die Lösung der Aufgabe „trotz sorgfältig durchgeführter Arbeit unter Auswertung des wissenschaftlich-technischen Erkenntnisstandes auf dem relevanten Gebiet sowie unter Anwendung moderner Forschungsmethoden nicht gelang“[115], ist selbstverständlich. Es geht aber gerade beim Auftreten von Risiken und den damit verbundenen rechtlichen Verantwortlichkeitsproblemen darum, nicht nur verbal gesunde Risikobereitschaft zu fordern, sondern auch über die besonderen Verantwortlichkeitsregelungen rechtlich verbindlich zu sichern, daß „die gemeinsamen ökonomischen Interessen der Partner“[116] umfassend berücksichtigt und nicht durch solche Verantwortlichkeitsregelungen erdrückt werden, die der Spezifik des Risikos nicht gerecht werden. Dieses Prinzip hat sowohl im Rahmen von vertraglichen Beziehungen der im RGW vereinigten sozialistischen Länder als auch im innerstaatlichen Bereich gleiche Gültigkeit und Bedeutung. Unter Hinweis auf die im Rahmen des RGW gültigen Musterbedingungen für Verträge über die Durchführung wissenschaftlicher Forschungen und über Projektierungs-, Konstruktions- und Experimentierarbeiten weist M. Bardina mit Recht darauf hin, daß „die Erzielung eines negativen Resultats nicht als Vertragsverletzung gilt, wenn bewiesen wird, daß es dem Vertragspartner nicht gelungen ist, die gestellte Aufgabe durch eine sorgfältig durchgeführte Arbeit unter Erfüllung aller notwendigen Forderungen und Anwendung zeitgemäßer Ergebnisse und Methoden zu lösen“.[117]

Damit wird zu Recht hervorgehoben, daß es namentlich beim Auftreten von Risiken im wissenschaftlich-technischen Forschungsprozeß irreführend und wissenschaftlich-theoretisch fehlerhaft ist, geläufige Termine, Vorstellungen und Rechtsfolgen von allgemeinen Vertragsbeziehungen unbesehen auf jene Rechtsbeziehungen zu übertragen, denen das Element des Ungewissen, des Schöpferisch-Riskanten eigen ist. Das gilt sowohl im Hinblick auf die soziale und rechtliche Qualifizierung einer Verhaltensweise als Rechts- oder Vertragsverletzung als auch hinsichtlich der kriterialen Bestimmung dessen, was als Vertragserfüllung oder Nichterfüllung zu gelten hat, und es betrifft die das schöpferische Risikoverhalten stimulierenden Verantwortlichkeitsregelungen, die im Kern Risikoteilungsregelungen sein sollten.

Diese Position steht in voller Übereinstimmung mit der insbesondere von Bogulawski unterstrichenen Forderung, nach der „die Zulässigkeit des schöpferischen und technischen Risikos die Partner nicht von der Verantwortlichkeit für Verletzungen befreien darf, die mit der nichtrechtzeitigen und nichtqualitätsgerechten Erfüllung der im Vertrag vorgesehenen Aufgaben zusammenhängen“[118]. Natürlich ist das Problem der rechtlichen Stimulation schöpferisch-riskanten Handelns nicht nur mit vertragsrechtlichen Gestaltungsmöglichkeiten und Gestaltungserfordernissen verbunden. Es berührt vielmehr allgemeine Leitungserfordernisse des sozialistischen Staates und stellt dem sozialistischen Recht die Aufgabe, die jeweils effektivste Lösung bei der Erzielung und gesamten Nutzung neuer Ergebnisse von Wissenschaft und Technik vorzusehen.

In sowjetischen Arbeiten wird z. B. der Vorschlag unterbreitet, spezielle Fonds zu bilden, um zusätzliche finanzielle Kosten für das Anlaufen neuer Erzeugnisse auszugleichen und dadurch das für die Betriebe und Kombinate entstehende Risiko, das mit der Erhöhung von materiellen und finanziellen Aufwendungen für wissenschaftlich-technische neue Erzeugnisse und Leistungen verbunden ist, von vornherein in gesicherten Grenzen zu halten. Rassudowski z. B. vertritt die Ansicht, daß die Entwicklung von Methoden der ökonomischen Leitung des wissenschaftlich-technischen Fortschritts eine breitere Nutzung der zweckgebundenen Finanzierung aus den Fonds für die Einführung der neuen Technik erforderlich macht. In Verallgemeinerung von Erfahrungen der elektrotechnischen Industrie, wo ein einheitlicher Fonds aus dem planmäßigen Gewinn der Betriebe gebildet wird, dessen Speisung vom Wachstum der Effektivität der Produktion insgesamt abhängt, schlußfolgert Rassudowski: „Das Wachstum des Gewinns trägt zur Erhöhung derjenigen Finanzmittel bei, die für die Beschleunigung des wissenschaftlich-technischen Fortschritts verwendet werden können. Es sind ökonomische Hebel, die die Betriebe dazu stimulieren, einen härteren Gewinnplan zu beschließen und seine bessere Erfüllung zu erreichen.“[119] Diesem Ziel dienen in der DDR z. B. die in der Anordnung über die Aufgaben, die Arbeitsweise und die Finanzierung der volkseigenen Betriebe für Rationalisierung, der volkseigenen Ingenieurbüros für Rationalisierung und der volkseigenen Organisations- und Rechenzentren der Wirtschaftsräte der Bezirke enthaltenen Rechtsgrundsätze im Zusammenhang mit Risiken in wirkungsvoller Weise. Hier wird in § 12 bestimmt, daß zur Deckung von Risiken, die mit der Herstellung von Rationalisierungsmitteln in den Rationalisierungsbetrieben verbunden sind, durch den Vorsitzenden des Wirtschaftsrates des Bezirkes zweckgebundene Mittel in Form eines Limits bereitgestellt werden. Diese zweckgebundenen Mittel werden zur Erstattung außerplanmäßiger Kosten bei der Herstellung von Rationalisierungsmitteln eingesetzt. Unter den in der Anordnung genannten Voraussetzungen können die zweckgebundenen Mittel unmittelbar nach Eintreten des Riskofalles durch den Betrieb beim Vorsitzenden des Wirtschaftsrates des Bezirkes beantragt werden.[120]

Wenngleich in diesen Fällen die Gestaltung des Rechtsverhältnisses in grundlegend anderer Weise erfolgt, als dies bei vertraglichen Beziehungen der Fall ist, halten wir diese Rechtsform gleichermaßen für geeignet, schöpferisch-riskantes Handeln rechtlich wirkungsvoll zu stimulieren. Insbesondere dann, wenn wegen der Spezifik der wissenschaftlich-technischen Leistung vertragliche Beziehungen nicht in genügendem Maße geeignet sind, ein unmittelbares wechselseitiges Interesse von Wirtschaftspartnern in einem überschaubaren Zeitraum am Zustandekommen der mit Risikoelementen behafteten Leistung zu konstituieren, dürfte die zentralisierte Bereitstellung von Fonds die geeignetere Rechtsform zur Erfassung, auch Stimulation derartiger Leistungen sein. In unmittelbarer Verbindung mit entsprechenden Regelungen des Prämienfonds der betreffenden Betriebe ist zu sichern, daß über die Stimulation des Betriebes als Ganzes hinaus zugleich wirksame Impulse auf das verantwortungsvolle, namentlich auch schöpferisch-riskante Handeln der einzelnen Werktätigen ausgeübt werden.

In ähnlicher Weise erfolgen mit dem Ziel des Ausgleichs wissenschaftlich-technischer und ökonomischer Risiken bei der Errichtung von Industrieanlagen die Bildung und Verwendung eines Risikofonds bei General- und Hauptauftragnehmern, die komplette

Industrieanlagen und technologische Teilanlagen liefern. Die Kosten für Risiken werden in diesen Fällen in Höhe von 1% der Summe der Kalkulationselemente gebildet und dem Risikofonds zugeführt.[121]

In Verallgemeinerung verschiedenster Verfahrensweisen und rechtlicher Wege zur Stimulierung schöpferisch-riskanten Handelns und der finanziellen Sicherung von Betrieben und Kombinaten beim Eintritt von Verlusten und Schäden im Zusammenhang mit gerechtfertigten Risikohandlungen kann man generell feststellen, daß die unmittelbare Beteiligung des sozialistischen Staates an negativen ökonomischen Resultaten schöpferischer und riskanter Handlungen objektiv notwendig ist, weil damit „die für die Meisterung des wissenschaftlich-technischen Fortschritts notwendigen subjektiven Voraussetzungen zum bewußten Eingehen wissenschaftlich-technischer Risiken geschaffen werden. Die gegenwärtig nicht im erforderlichen Maße vorhandenen materiellen Voraussetzungen für bewußte Risikobehandlungen sind nicht nur Ursache, sondern vor allem Resultat der Tatsache, daß der Objektivität des wissenschaftlich-technischen Risikos bisher sowohl bei der zentralen staatlichen als auch bei der betrieblichen Leitung und Planung von Aufgaben des wissenschaftlich-technischen Fortschritts nicht die notwendige bewußte Beachtung geschenkt wird."[122]

Unbeschadet weiterer rechtlicher Einzelregelungen zur Stimulierung schöpferisch-riskanten Handelns von Betrieben und Kombinaten und unbeschadet der Tatsache, daß eine Reihe von Normativakten gute Ansätze zur Stimulierung derartigen Handelns bietet, bleibt doch festzustellen, daß das sozialistische Recht insgesamt die schöpferisch-riskantem Handeln wesenseigenen Funktionen verstärkt aufzunehmen und durchzusetzen hat. Wissenschaftlich-technische, technologische und wirtschaftliche Spitzenleistungen mit rechtlichen Mitteln planmäßig entwickeln zu helfen, fordert, nicht in erster Linie Schadensregulierungen vorzusehen, sondern das aktive ökonomische Interesse von Wirtschaftspartnern am wissenschaftlich-technischen Höchststand der rechtlichen Regulation zugrunde zu legen und vor allem wirtschaftlichen Nutzen und Vorteil für alle Beteiligten zu sichern. Es erfordert, die Komplexität der Prozesse umfassend zu berücksichtigen und mögliche Auswirkungen völlig neuartiger wissenschaftlich-technischer und technologischer Leistungen auf den gesamten Industriezweig oder auf die Volkswirtschaft insgesamt einzuberechnen und rechtlich so zu sichern, daß die Vorteile insgesamt wirksam werden und nicht auf bestimmte Bereiche beschränkt bleiben — eventuell in anderen sogar zu Nachteilen führen. Es erfordert schließlich, den Prozeß in seiner Totalität zu erfassen und namentlich zu berücksichtigen, daß die Leistungen von Betrieben und Kombinaten stets Leistungen kooperativ arbeitender Individuen sind, deren Interesse am wissenschaftlich-technischen und wirtschaftlichen Fortschritt wirkungsvoll stimuliert werden muß. Die rechtlichen Grundsätze und Prinzipien, die schöpferisch-riskantes Verhalten der Betriebe und Kombinate bewirken, haben, fußend auf bewährten Formen und Methoden der rechtlichen Regulation verantwortungsvollen Handelns, zu sichern, daß die am Erfolg interessierten Wirtschaftspartner, die mit hohem Engagement und großer Verantwortungsbereitschaft kooperieren, schöpferisch-riskantes Handeln als einen bedeutsamen Auftrag des sozialistischen Staates und der sozialistischen Gesellschaft begreifen und ihre sozialistischen Beziehungen demgemäß gestalten. Nicht *vorbei* am Risiko und nicht unter dem Aspekt, wie der andere den möglichst größten Schadensanteil zu tragen hat, sind solche vertraglichen Beziehungen zu entwickeln, sondern so, daß sie den materiellen Interessen aller Beteiligten gerecht werden und diese Interessenlage nachhaltig in Richtung Schöpfertum und Risiko beeinflussen. Darüber hinaus ist es zweckmäßig und günstig, Risikofonds, Risikoversicherungen und andere staatliche Maßnahmen vorzusehen, um bestimmte Sonderfälle optimal erfassen und durch die Gestaltung konkreter Rechte und Pflichten stimulierend beeinflussen zu können. *Entscheidend ist, daß das Problem des Risikos, der objektiven Notwendigkeit seiner gesellschaftlichen Bewältigung aus dem Reservat von Sonderregelungen usw. herausgehoben und als allgemeines Problem der Leitung, Planung und ökonomischen Stimulierung des wissenschaftlich-technischen und gesellschaftlichen Fortschritts wesentlich mit den Mitteln des sozialistischen Rechts erfaßt wird.* Nur dann ist u. E. die Gewähr dafür gegeben, daß Schöpfertum und Übernahme auch erhöhter Verantwortung bei riskanten Handlungserfordernissen umfassend entwickelt werden und — wie dies auch aus ökonomischer Sicht zunehmend stärker gefordert wird — das höhere Risiko und die weitreichenden Konsequenzen namentlich bei Spitzenleistungen des wissenschaftlich-technischen Fortschritts auch bei der „Leitung, Planung und ökonomischen Stimulierung“[123] besser erfaßt werden.

Die Leitung des wissenschaftlich-technischen Fortschritts erfordert generell, voll die Marxsche Feststellung zu berücksichtigen, daß „alles, wofür der Mensch kämpft, Sache seines Interesses ist“[124]. Diese Erkenntnis bildet einen bedeutsamen Indikator für die Wirksamkeit des sozialistischen Rechts als eines bedeutsamen staatlichen Instruments der Leitung dieses Prozesses.

Das Interesse der Betriebe und Kombinate an der Schaffung und Nutzung von wissenschaftlich-technischen und technologischen Forschungsergebnissen wird dann am größten sein, wenn dadurch die Produktion in Qualität und Quantität gesteigert, die Arbeits- und Lebensbedingungen verbessert, die Pläne erfüllt und übererfüllt werden können. Das bedeutet zugleich, daß die an wirtschaftlichen Hauptkennziffern orientierten Fondszuführungen, insbesondere zur Leistungsstimulierung, Wirkungen erzielen müssen, die die Durchsetzung wissenschaftlich-technischer und technologischer Neuerungen und Verbesserungen bis hin zum einzelnen Werktätigen als günstig erscheinen lassen und somit insgesamt eine weitere Ausprägung positiver Grundhaltungen zum wissenschaftlich-technischen Fortschritt erzeugen. Es bedeutet schließlich, daß die Betriebe und Kombinate rechtliche, finanzielle, materielle usw. „Sicherheiten“ haben wollen und haben müssen, um in den Fällen, in denen Verzögerungen im wissenschaftlich-technischen Erkenntnisprozeß auftreten und etwa Verträge nicht erfüllt werden können, bestimmte partielle Verluste eintreten und etwa bestimmte materielle und finanzielle Fonds belastet werden, insgesamt also die dem Unsicherheitselement eigenen negativen Äußerungsformen und -möglichkeiten Realität werden, zielstrebig, verantwortungsvoll, ökonomisch und rechtlich „sicher“ weiterarbeiten zu können.

Auch das individuelle Interesse an Wirkungen wie *materielle und moralische Anerkennung* von Leistungen auf wissenschaftlich-technischem Gebiet, wie *Gewißheit*, daß die Ideen und Vorschläge sachkundig geprüft und realisiert werden, wie rechtliche Sicherheit namentlich in den Fällen, in denen trotz umsichtigen und verantwortungsvollen Handelns Schäden eintraten, ist in seinem grundlegenden verhaltensbestimmenden Einfluß zu beachten und vom sozialistischen Recht umfassend zu berücksichtigen. Daraus folgt allgemein: Die Funktionen des sozialistischen Rechts bei der Durchsetzung des wissenschaftlich-technischen Fortschritts sind nicht aus der Sicht eines oder auch mehrerer Rechtszweige isoliert zu bestimmen, sondern betreffen die sozialen Ziele des Rechts insgesamt und sind daher auch nur aus dieser komplexen Sicht zu erfassen. Das gilt für das spezielle Problem wissenschaftlich-technischer und anderer Risiken in gleichem

Maße. Wie die Lösungen von Aufgaben des wissenschaftlich-technischen Fortschritts nicht schlechthin ein Problem etwa des Neuererrechts sind und die Gewährleistung von Rechtssicherheit bei schöpferisch-riskantem Handeln keineswegs nur als Strafrechtsproblem existiert, so sind alle Fragen der staatlichen Organisation und der qualifizierten Leitung und Stimulierung des wissenschaftlich-technischen Fortschritts *sowohl* vom sozialistischen Recht *als auch* von anderen Leitungsinstrumenten zu gewährleisten. Es ist daher erforderlich, daß mit Hilfe des sozialistischen Rechts und anderer Leitungsmittel *gesellschaftliche Interessen* am wissenschaftlich-technischen Fortschritt einen zentralen Stellenwert erhalten. Es ist erforderlich, daß Rechte und Pflichten der Betriebe und Kombinate so gestaltet werden, daß die Forderungen des wissenschaftlich-technischen Fortschritts und darin eingeschlossen die schöpferisch-riskanten Handelns in den Mittelpunkt betrieblicher Leitung, Planung und ökonomischer Stimulierung rücken und er somit als durchgängiger und ständiger Neuerungsprozeß erscheint, „der alle anderen Planteile durchdringen muß"[125]. Dies verlangt schließlich, daß die Interessen aller Werktätigen an der Durchsetzung des wissenschaftlich-technischen Fortschritts und seiner verschiedenen konkreten Erscheinungsformen besser erfaßt werden — der IX. Parteitag hob hervor, daß es unter anderem darum geht, „für Materialeinsparungen durch die Arbeiter eine höhere Vergütung zu gewähren, als bisher in der Neuererverordnung festgelegt ist"[126] und insgesamt stärker leitungsmäßig berücksichtigt wird, daß die „tätige Position"[127] der Persönlichkeit der letztlich entscheidende Faktor für die Durchsetzung des wissenschaftlich-technischen Fortschritts ist.

„Gerade wenn man der Ansicht ist, daß in der Praxis jeder Handlung mehr oder minder hohe Risiken anhaften, muß man Hilfsmittel haben, mit denen es gelingen kann, sich auf die wichtigen oder wichtigeren Risiken zu konzentrieren ... Als wichtigste Führungsgröße hatten wir ... die *historische Notwendigkeit* genannt ... Als den in letzter Instanz bestimmenden Grundbestandteil der historischen Notwendigkeit bezeichneten wir die *Notwendigkeit stets erweiterter Reproduktion* der materiellen Lebensbedingungen der Menschen. Daraus folgt die *Entwicklungsnotwendigkeit der gesellschaftlichen Produktivkräfte* — und die Hauptproduktivkräfte sind bekanntlich die werktätigen Menschen — in ihrem sehr wichtigen Wechselverhältnis zu den Produktionsverhältnissen, regiert durch das *Gesetz der notwendigen Übereinstimmung zwischen dem Entwicklungsstand der Produktivkräfte und dem Charakter der Produktionsverhältnisse.*"[128]

3. Die Prüfung und Feststellung individueller rechtlicher Verantwortung und Verantwortlichkeit bei riskanten Handlungen mit Schadensfolgen

Sofern Probleme riskanten Handelns und ihrer rechtlichen Wertung zur Rede stehen, ist stets davon auszugehen, daß ausschließlich verantwortungsvolle Risiken, wohldurchdachtes, mit hoher Nutzenserwartung ausgestattetes Schöpfertum der Menschen rechtlich anerkannt sind, d. h. die Voraussetzungen und Bedingungen der rechtlichen Erlaubtheit dieser Risiken zu untersuchen und festzulegen sind. Dies gilt vom Grundsatz sowohl im Hinblick auf Wertungen derartiger Handlungen aus wirtschaftsrechtlicher, staatsrechtlicher, leitungsmäßiger Sicht — und dies gilt hinsichtlich all jener Rechtspositionen, die die *individuelle* Verantwortung und Verantwortlichkeit bei schöpferisch-riskantem Handeln betreffen.

Die dem sozialistischen Recht wesenseigenen Funktionen, das Handeln der Menschen so zu lenken, daß sie als Gestalter des historischen Fortschritts wirksam werden und in ihrem Handeln allgemeine Erfordernisse der Gesellschaftsentwicklung, die in der heutigen Zeit wesentlich von den Aufgaben des wissenschaftlich-technischen Fortschritts geprägt sind, zum Tragen kommen, verlangen entsprechend diesem Anspruch in den Grundzügen einheitliche Maßstäbe und Kriterien bei der rechtlichen und moralischen Wertung von individuellen Handlungen.

Unabhängig von spezifischen rechtlichen und sozialen Zielen der verschiedenen Rechtszweige und unabhängig von konkreten Handlungsbereichen, Aufgabengebieten und Sachproblemen sind rechtliche Verantwortungs- und Verantwortlichkeitsregelungen erforderlich, die

— den vollen persönlichen Einsatz für die Erfüllung gesamtgesellschaftlicher Erfordernisse fordern und fördern,

— den gesellschaftlichen Erkenntnisfortschritt nicht schlechthin ermöglichen, sondern im Handeln der Menschen stimulieren,

— vermeidbare Gefahren und Schäden und die diesen zugrunde liegenden Verhaltensweisen als sozial schädlich charakterisieren,

— den Schutz des sozialistischen und persönlichen Eigentums vor ungerechtfertigten Angriffen sichern,

— das Eintreten gesellschaftlicher Kräfte und Fonds bei gerechtfertigten Schadenszufügungen gewährleisten,

— das Vorliegen individueller Schuld als untrennbares und unverzichtbares Element sozialistischer Gerechtigkeit begreifen und das Eintreten individueller Verantwortlichkeit daran binden,

— die Feststellung individuell pflichtwidrigen Verhaltens als zentrales Kriterium schuldhaften Handelns vorsehen und

— stets das individuell mögliche und zu fordernde Maß an Sachgerechtheit und Verantwortungsbewußtheit bei der Erfüllung von Aufgaben und Pflichten zugrunde legen.

In diesen sozialistischen rechtlichen Grundpositionen zur Gestaltung von Verantwortungsbeziehungen und einheitlichen rechtlichen Verantwortlichkeitsregelungen finden Grundfunktionen des sozialistischen Rechts ihre spezifische Ausgestaltung. Die Prüfung und Feststellung individueller rechtlicher Verantwortlichkeit sind stets mit der Frage nach Art und Maß der Verantwortung des konkreten Menschen in der konkreten Anforderungs- und Handlungssituation verbunden und berücksichtigen im Sozialismus die elementare Feststellung, daß jeder Mensch „im gewissen Sinne so wie alle Menschen, in einem bestimmten Maße, so wie die Menschen einer bestimmten sozialen Klasse oder Gruppe und in gewisser Hinsicht wie kein anderer Mensch“[129] ist, handelt und handeln *kann*. Diese dem sozialistischen Recht und seinen Verantwortungs- und Verantwortlichkeitsprinzipien inhärenten Maßstäbe, Ziele, Prinzipien und Aufgaben haben einheitlich zu sichern, daß die sozialistische Gesetzlichkeit verwirklicht wird und Unabwendbarkeit und Unmittelbarkeit ihrer Realisierung bewirken, daß „im Rahmen der für die konkrete Rechtsverletzung vorgesehenen Maßnahmen diejenige festgelegt wird, die am besten geeignet ist, die Schutz- und Erziehungsziele der rechtlichen Verantwortlichkeit zu verwirklichen. Dabei ist natürlich zu berücksichtigen, daß die Individualisierung der Maßnahmen der rechtlichen Verantwortlichkeit letztlich von der objektiven und subjektiven Seite der Rechtsverletzung begrenzt wird.“[130]

Die strikte Beachtung der allgemeingültigen Kriterien und Elemente gerechtfertigt-riskanten Handelns sichern, daß unabhängig von spezifischen Aufgaben und Zielen einzelner Rechtszweige die prinzipielle Wertung schöpferisch-riskanten individuellen Handelns einheitlich erfolgt. Dieses Vorgehen garantiert zugleich, daß allgemeingültige sozialistische Verantwortungs- und Verantwortlichkeitsmaßstäbe, Ziele und Prinzipien einheitlich verwirklicht werden und nicht — völlig unbegründet — in Fällen schöpferisch-riskanten Handelns Einzelaspekte — wie etwa die Verursachung partieller Schäden — isoliert betrachtet und gewertet werden. Es geht insgesamt darum, bei der Prüfung und Feststellung individueller rechtlicher Verantwortung und Verantwortlichkeit die von der marxistisch-leninistischen Gesellschaftstheorie gewonnenen Erkenntnisse zugrunde zu legen, daß den Entscheidungen der Menschen als echtem Kristallisationspunkt von inneren und äußeren Handlungsdeterminanten zentrale Bedeutung zukommt. Die vom IX. Parteitag geforderte Bereitschaft der Werktätigen, sich für die Lösung der staatlichen und gesellschaftlichen Aufgaben einzusetzen und Verantwortung zu übernehmen, ist sowohl im Rechtsverwirklichungsprozeß als auch bei der Fixierung der gesetzlichen Kriterien für den Eintritt individueller Verantwortlichkeit und damit wesentlich im Rahmen der Rechtssetzung nachdrücklicher zu entwickeln. Dazu gehört, daß klare Bezugnahmen auf die Verantwortung des Menschen bei der Lösung der umfangreichen und teils recht komplizierten Aufgaben, wie sie die wissenschaftlich-technische Revolution heute für jeden Werktätigen stellt, auch im Gesetz erfolgen. Die geführten Diskussionen und auch Veränderungen der diesbezüglichen Rechtsvorschriften im sozialistischen Arbeitsrecht mögen dies — stellvertretend für andere Rechtszweige und Rechtsakte — unterstreichen.[131]

Ausgehend von grundlegenden Bestimmungen zur sozialistischen Arbeitsdisziplin, wird im neuen sozialistischen Arbeitsgesetzbuch die soziale Qualität des *Verhaltens* in den Mittelpunkt arbeitsrechtlicher Verantwortlichkeitsprüfung gestellt. Der schuldhafte Verstoß gegen die Arbeitsdisziplin bzw. die schuldhafte Schädigung des sozialistischen Eigentums bilden die unabdingbaren Voraussetzungen für den Eintritt einer disziplinarischen oder materiellen Verantwortlichkeit. Ein schuldhaftes Handeln liegt vor, wenn entweder

— aus mangelnder Sorgfalt, Leichtfertigkeit, Gleichgültigkeit oder ähnlichen Gründen Arbeitspflichten verletzt wurden *bzw.* das sozialistische Eigentum geschädigt wurde, *obwohl* die Möglichkeit zum pflichtgemäßen Verhalten bzw. zur Verhütung des Schadens gegeben war,

— oder Arbeitspflichten bewußt verletzt *bzw.* das sozialistische Eigentum bewußt geschädigt oder sich mit diesen Folgen des Handelns bewußt abgefunden wurde.

Damit ist u. E. gesetzlich mindestens zweierlei festgeschrieben:

1. Ausgehend von der Verantwortung des Menschen im Arbeitsprozeß, die Schöpfertum und Initiative bei der Erfüllung der Arbeitspflichten fordert und auf dieser Grundlage die ordnungs- und fristgemäße Erfüllung der Arbeitsaufgaben umfaßt, die volle Nutzung der Arbeitszeit und der Produktionsmittel betrifft, die Erfüllung der Arbeitsnormen und anderer Kennzahlen der Arbeitsleistung, den sparsamen Umgang mit Geld und Material sowie Qualitätsarbeit verlangt und die schließlich impliziert, daß das sozialistische Eigentum vor Beschädigung und Verlust geschützt, die Bestimmungen über den Gesundheits-, Arbeits- und Brandschutz sowie über Ordnung, Disziplin und Sicherheit eingehalten werden (§ 80 AGB), werden die arbeitsrechtlichen Voraussetzungen für den Eintritt von Verantwortlichkeit an feste Parameter gebunden. Das sind

mangelnde Sorgfalt, Gleichgültigkeit, Leichtfertigkeit oder ähnliche Faktoren, die sowohl hinsichtlich der Pflichtverletzung als auch hinsichtlich der Schädigung des sozialistischen Eigentums zu prüfen und nachzuweisen sind. Bei bewußter Verletzung von Arbeitspflichten bzw. bewußter Schädigung des sozialistischen Eigentums sind u. E. besonders die objektiven Handlungsbedingungen sowie die subjektiven Handlungsziele einer sorgfältigen Betrachtung und Wertung zu unterziehen.

2. Das im § 252 Abs. 3 für die Fahrlässigkeit festgeschriebene Rechtsprinzip, daß Arbeitspflichten nur dann schuldhaft verletzt bzw. sozialistisches Eigentum nur dann schuldhaft geschädigt wurde, *wenn die Möglichkeit zum pflichtgemäßen Verhalten bzw. zur Verhütung des Schadens gegeben war*, ist von grundsätzlicher Bedeutung für jede Verantwortlichkeitsprüfung im sozialistischen Arbeitsrecht; die Tatbestandsmäßigkeit der Entscheidung und Handlung ist auch diesbezüglich exakt zu prüfen und nachzuweisen.

Es versteht sich, daß diesem Nachweis namentlich bei der Fahrlässigkeitsprüfung besondere Bedeutung zukommt, wenngleich u. E. nicht absolut auszuschließen ist, daß bei *ungewöhnlichen* und komplizierten Entscheidungs- und Handlungssituationen, die den Verdacht, vorsätzliche Pflichtverletzungen bzw. bewußte Schädigungshandlung zu sein, erregen können, eine derartige Prüfung eine umfassende soziale und rechtliche Wertung des Verhaltens ermöglicht. Das liegt u. E. ganz im Sinne des von § 253 AGB fixierten Grundsatzes, daß bei der Anwendung der disziplinarischen und materiellen Verantwortlichkeit „die Gesamtheit aller Umstände zu beachten" ist. Diese Prinzipien des sozialistischen Arbeitsrechts sind auch im Hinblick auf schöpferisch-riskantes Handeln der Werktätigen bedeutsam. Die rechtliche Erfassung und Regelung riskanten Handelns der Werktätigen sind also grundsätzlich *nach einheitlichen Maßstäben* vorzunehmen und mit dem eindeutigen Auftrag zur Stimulierung des *riskanten Schöpfertums* in rechtliche Formen zu bringen. Dies gilt im Hinblick auf grundlegende Leitungsakte in gleicher Weise wie etwa bei der moralischen Wertung „kleiner Risiken" im täglichen Produktionsgeschehen.

Die strafrechtliche Regelung des weit über den Bereich der Volkswirtschaft hinausreichenden Risikoproblems orientiert sich inhaltlich grundsätzlich am Umfang und der konkreten Erfüllbarkeit der Pflichten, d. h. an der spezifischen Verantwortung des Handelnden. Sie geht von der Grundposition aus, daß eine strafbare Handlung nur dann vorliegt, wenn der Handelnde elementare Grundsätze und Forderungen des menschlichen Zusammenlebens durch seine Handlung negiert hat, seinen sittlichen und Berufspflichten zuwiderhandelte und dadurch einen für ihn real vorhersehbaren Schaden verursachte. Diese Bezugnahme auf die Verantwortung als eine grundlegende soziale Kategorie, die in sich Objektives und Subjektives vereinigt, ermöglicht und erfordert, daß der Mensch stets im Mittelpunkt der rechtlichen Wertung steht und die konkreten Handlungsbedingungen eine umfassende Würdigung erfahren. Im Bericht des Präsidiums des Obersten Gerichts an die 6. Plenartagung heißt es hierzu: „Die Verantwortung des Menschen vor der sozialistischen Gesellschaft bildet den entscheidenden Ausgangspunkt für die Bestimmung der individuellen strafrechtlichen Schuld. In der sozialistischen Gesellschaft sind alle Voraussetzungen für ein verantwortungsbewußtes gesellschaftsgemäßes Verhalten gegeben. Die Maßstäbe für das Verschulden eines Menschen werden durch die soziale Bedeutung der verletzten rechtlichen Normen, die real gegebenen Möglichkeiten zu ihrer Einhaltung und das Ausmaß der sich im konkreten rechtswidrigen Verhalten ausdrückenden Negierung dieser Anforderungen gesetzt."[132]

Eine verantwortungslose Entscheidung und Handlung liegt, so wie das § 5 StGB für das sozialistische Strafrecht generell feststellt, dann vor, wenn der Handelnde trotz der ihm gegebenen realen Möglichkeiten zu verantwortungsvollem Handeln in verantwortungsloser Weise eine im Gesetz als Straftat bezeichnete Handlung begeht. Dies bedeutet, daß bei individuellen Verantwortlichkeitserwägungen und -prüfungen stets

a) soziale Wertmaßstäbe anzulegen sind, die an den geltenden rechtlichen Bestimmungen in ihrer Gesamtheit orientiert sind;

b) die grundlegende Frage nach der sozialen Qualität des Verhaltens handlungs- (situationsbezogen) und persönlichkeitsbezogen zu stellen ist;

c) rechtliche Sanktionen nur dann zur Anwendung gelangen können, wenn das soziale Wesen der Entscheidung und Handlung in der Komplexität negativ zu bewerten ist, und zwar relativ unabhängig vom Resultat der gegebenen Verhaltensweise.

Diese — im übrigen keineswegs nur die strafrechtliche Wertung betreffende — Rechtsposition macht deutlich, daß Rechtsfragen der Prüfung und Feststellung individueller Verantwortlichkeit prinzipiell mit dem Problem der individuellen Verantwortung und der Schuld bei Nichtwahrnahme dieser Verantwortung verbunden sind und somit allgemeine Wertmaßstäbe gelten, die der sozialen Bewertung jeder Einzelhaltung zugrunde zu legen sind. Dies ist ein sichtbarer Ausdruck einheitlicher sozialistischer Rechtsgestaltung und bedeutet die Vermittlung der Gewißheit an den handelnden Menschen, *daß die gesellschaftliche Bewertung seines Verhaltens stets unter Zugrundelegung aller objektiven und subjektiven Entscheidungs- und Handlungskomponenten erfolgt.* „In dieser rechtlichen Gestaltung der Verantwortungsbeziehungen liegt zugleich die aktive Rückwirkung des Rechts auf die Festigung, die Entwicklung und den Schutz der sozialistischen gesellschaftlichen Verhältnisse und die sozialistische Gesellschaftsordnung selbst ... Die in der sozialistischen Gesellschaft bestehenden und vom sozialistischen Recht konstatierten Verantwortungsbeziehungen geben jedem einzelnen die Gewähr, daß er sich bei Einhaltung der Rechtsnormen nicht nur sozial anpaßt, sondern auch dem gesellschaftlichen Fortschritt gemäß verhält. Die rechtlichen Verantwortungsbeziehungen sind damit ein bedeutsamer Stimulus progressiven Verhaltens der Menschen in der sozialistischen Gesellschaft.“[133]

Die rechtliche Erfassung von Prozessen, die ihrem Wesen nach progressiver, schöpferischer, gesellschaftlich nützlicher Natur sind, betrifft keineswegs nur die Probleme riskanten Handelns; sie betrifft die Grundfragen des individuellen Einsatzes und Engagements für die Gesamtbelange der sozialistischen Gesellschaft, die Bestimmung des Menschen, „als Subjekt der Geschichte zu wirken.“[134]

Das Risikoproblem ist u. E. im besonderen Maße geeignet, ein allgemeines Erfordernis besonders eindringlich sichtbar werden zu lassen. Vereinfacht kann man feststellen: Die Frage nach rechtlicher Schuld oder Nichtschuld bei riskantem Handeln ist nicht primär eine Frage nach Gefahr- oder Schadensherbeiführung sowie danach, ob der handelnde Mensch diese gesellschaftlich negativen Faktoren auch voraussah und sich dennoch für diese Alternative entschied, *sondern die Frage nach der realen gesellschaftlichen Forderung an den konkreten Menschen in der konkreten Situation, gesellschaftsgemäß, umsichtig, sachlich fundiert, d. h. allseitig verantwortungsgemäß zu handeln.* Nicht *weil* eine riskante Handlung eine Gefahrensituation oder objektiv einen bedeutenden ökonomischen Wertverlust verursacht hat, kann für die umfassende soziale Bewertung dieser Handlung entscheidend sein, sondern vielmehr, daß der riskant Handelnde, der nach verantwortungsvoller Interessenabwägung und in Kenntnis der mit der Handlung verbundenen Gefahrenpotenzen nicht die *von ihm in der konkreten Situation zu verlangenden Anstrengungen unternahm, diesen Gefahrenpotenzen sachgerecht und wirkungsvoll zu begegnen bzw. auch in bestimmten Fällen gänzlich von der Vornahme der Handlung abzusehen.*

Die Praxis zeigt, daß die rechtliche Qualifizierung schöpferisch-riskanten Handelns eine Reihe von Problemen aufwirft, die durchaus nicht immer einfach zu lösen sind. Beginnend mit der Tatsache, daß bei negativem Verlauf riskanter Handlungen natürlich das unmittelbar sichtbare Schadensereignis vielfältige Emotionen weckt und den Verdacht einer gesellschaftswidrigen Handlung entstehen läßt, sind auch die von den konkreten Schuldbestimmungen her geläufigen Parameter in Fällen schöpferisch-riskanten Handelns namentlich in ihrer psychischen Struktur gegeben. Der riskant Handelnde erkennt gleichwohl wie der eventuell bedingt vorsätzlich oder fahrlässig Handelnde, daß durch seine Handlung möglicherweise und zu unterschiedlichem Wahrscheinlichkeitsgrad ein negatives Resultat unterschiedlichsten Ausmaßes eintreten *kann.* Er stellt diese Möglichkeit bewußt in Rechnung und sieht voraus, daß der bis zu einem bestimmten Grade wahrscheinliche Schadenseintritt unter Umständen eine bedeutende Vernichtung gesellschaftlicher Wertsubstanz usw. zur Folge haben *kann.* Dennoch entscheidet er sich *für* die Handlung, wird das Risiko gewagt. Auch andere Einzelfaktoren, wie etwa die objektive Verletzung bestimmter Vorschriften, das Abweichen von herkömmlichen und allgemein gültigen Handlungsparametern, das bewußte In-Kauf-Nehmen partieller Schäden usw. können kaum wesentliche Hilfen bei der rechtlichen Wertung schöpferisch-riskanten Handelns sein. Es ist daher von prinzipieller Bedeutung, die rechtliche Qualifizierung schöpferisch-riskanter Handlungen von vornherein als Problem der *sozialen Bewertung der Entscheidung zum Risiko* zu begreifen. Dies schließt natürlich solche Faktoren wie etwa die grundlegende Position des Handelnden zu den Pflichten, das Voraussehen eines Schadens, das innere Sich-Abfinden mit seinem Eintritt, die Ermittlung des Umfanges eines möglichen Schadens usw. ein; indes sind dies in allen Fällen riskanten Handelns *fest einkalkulierte Größen und wertungsfähig nur insofern, als daß ihre Abgewogenheit, ihre Verhältnismäßigkeit, das Gerechtfertigtsein ihres Akzeptierens festzustellen ist.* Damit wird deutlich, in welch starkem Maße die Nutzung und Anwendung entscheidungstheoretischer Bestimmungselemente gerade bei Risikohandlungen eine unabdingbare Voraussetzung für ihre richtige, den gesellschaftlichen Fortschritt stimulierende rechtliche Wertung bilden. Die rechtlich erheblichen Elemente, wie sie sich — beginnend mit der Prüfung der objektiven Pflichtenlage und der subjektiv verantwortungsbewußten oder verantwortungslosen Auseinandersetzung mit diesem Problem — im Rahmen der Entscheidungsfindung stellen, sind in engstem Zusammenhang mit grundlegenden Fragen des Abwägens von Alternativen, der Nutzbestimmung, der Abschätzung der Realisierungschancen, d. h. des Bewertens von Zielen, Folgen und Wahrscheinlichkeiten ihres Erreichens zu sehen. Die Analyse der Pflichtenlage etwa, ihre nicht selten erhebliche Kompliziertheit, die gleichermaßen nicht seltene zeitliche Begrenztheit, in der riskante Entscheidungen getroffen werden müssen, und nicht zuletzt die Tatsache, daß zuweilen auch Widersprüchlichkeiten im Pflichtenbereich schöpferisch gelöst werden müssen, zwingen dazu, diese Fragen umfassend und subtil zu berücksichtigen, so daß bereits in diesem Stadium der Entscheidungsfindung komplexe inhaltliche Wertungen möglich sind.

Mit der Prüfung individueller Verantwortung, Verantwortlichkeit und Schuld bei einer Risikoentscheidung eines verantwortlichen Mitarbeiters im Forschungs- und Entwicklungsbereich hatte sich das Oberste Gericht der DDR auseinanderzusetzen. Dabei wurden Rechtsprinzipien entwickelt, die in den Hauptaussagen generelle Gültigkeit besitzen, zugleich aber sichtbar machen, daß gerade die Prüfung der individuellen Verantwortlichkeit bei Risikohandlungen sowohl im Hinblick auf die Verhaltensanforderungen in einer komplizierten Entscheidungssituation als auch hinsichtlich der rechtlichen Verschuldensprinzipien insbesondere bezüglich der Voraussicht bestimmter Schadensverursachungen in derartig spezifischen Fällen und schließlich im Kausalitätsbereich grundlegende rechtliche Probleme aufwirft, die einer den Entscheidungs- und Handlungsbedingungen voll gerecht werdenden Lösung bedürfen.[135] Es ist zweifellos eine bedeutsame und zu bekräftigende rechtliche Forderung, grade „unter den Bedingungen einer Risikoentscheidung bereits vorliegende Erkenntnisse, Erfahrungen und Prüfmethoden zur qualitativen Bewertung seiner Arbeitsergebnisse mit zu nutzen"; und es ist in der Tat eine Verletzung von Arbeitspflichten, wenn „objektiv notwendige und mögliche Prüfungen (unterlassen) und damit vorliegende Erkenntnisse ungenügend verwertet"[136] werden. Die Existenz objektiver Handlungsanforderungen ist jedoch gerade bei Risikoentscheidungen nicht identisch mit ihrer subjektiven Repräsentanz im Kopfe des Handelnden, und die objektive Verletzung von Arbeitspflichten keineswegs automatisch gleichbedeutend mit schuldhaftem Zuwiderhandeln. Wenn im konkreten Fall der Verklagte einwendet, daß in seinem Verhalten keine schuldhafte Verletzung von Arbeitspflichten erblickt werden könne, weil zu „dem Zeitpunkt, in dem der Prüfantrag hätte ausgelöst werden müssen, . . . für eine solche Prüfung keine hinreichende Veranlassung bestanden" (habe), zudem „zu dieser Zeit keine allgemein bekannte Prüfmethode existiert" und „eine solche Möglichkeit . . . sich erst später im Verlauf der Weiterentwicklung von Untersuchungsmethoden ergeben"[137] hätte, so betrifft dies Einwände, die, unabhängig von den konkreten Sachfragen des Einzelfalles, die Frage nach der rechtlichen Wertung jener Verhaltensweisen betreffen, die objektiv zwar fehlerhaft sind, subjektiv aber im Bewußtsein der Richtigkeit und Angemessenheit des Handelns vorgenommen werden. Dies ist bei schöpferisch-riskanten Entscheidungen und Handlungen nicht selten der Fall, da ja eben, wie dies auch vom Obersten Gericht festgestellt wurde, „das Eindringen in bisher unbekannte Bereiche auf unvorhergesehene Hindernisse"[138] stoßen lassen kann und, so ist hinzuzufügen, Irrtümer über den richtigen Weg und die notwendigen Maßnahmen durchaus zur Charakteristik des Risikos gezählt werden müssen. Sofern derartige Fehleinschätzungen oder Irrtümer bei verantwortungsbewußter Prüfung der Sachlage beim Handelnden entstehen konnten, liegt nach sozialistischer Rechtsauffassung keine Schuld vor, ist ein Schuldausschließungsgrund gegeben. Wenn im vorliegenden Fall gefordert wurde, „daß die Auslösung eines entsprechenden Prüfauftrags durch den Verklagten auch dann zu fordern gewesen wäre, wenn dieser kein negatives Ergebnis erbracht hätte"[139], so wird u. E. aus dieser Feststellung das durchaus im Rahmen des Tolerierbaren liegende Verhalten des Verklagten sichtbar. Seine Verurteilung wegen unbewußter, auf mangelnder Sorgfalt beruhender Fahrlässigkeit unterstreicht dies.[140]

Der vorliegende Sachverhalt wirft eine zweite Frage auf, die von grundlegender theoretischer und praktischer Bedeutung ist, und zwar die der Kausalität zwischen der Pflichtverletzung des Handelnden — exakter: seiner schuldhaften Pflichtverletzung — und des dadurch bewirkten Schadens. Auch dieses Problem tritt bei vielen Risikoentscheidungen und-handlungen auf, und es ist namentlich für die Entwicklung von Risikofreudigkeit durchaus von Bedeutung, welche grundlegende Rechtsposition in derartigen

Fällen bezogen wird. Die Kausalität erfaßt den objektiven Zusammenhang zwischen zwei Erscheinungen, von denen die eine die andere hervorbringt. Die rechtlich erhebliche Kausalitätsbetrachtung indes hat stets davon auszugehen, daß nur eine *schuldhafte* Pflichtverletzung Gegenstand sowohl von Kausalitäts- als auch weitergehender Schuldbetrachtungen sein kann. Wenn, wie im vorliegenden Fall, nicht auszuschließen war, daß es für den Verklagten wichtige Anhaltspunkte für seine Annahmen und sein Verhalten gab und daß die unterlassene Prüfung im Teilschrittverfahren durchaus auch kein negatives Ergebnis hätte erbringen können, so stellt•sich *sowohl* aus der Sicht der entschuldbaren Unterlassung der Prüfung als auch unter dem Aspekt verschieden möglicher, unter anderem keine Anzeichen für Fehlerhaftigkeit des Verfahrens erbringender Prüfergebnisse das Problem der rechtlich relevanten Kausalität ernsthaft. U. E. hat das Rechtsprinzip „in dubio pro reo" nicht nur im Hinblick auf die Schuld, sondern auch hinsichtlich der Kausalität Gültigkeit. Die bewußtseinsbeeinflussende und handlungsorientierende Wirkung derartiger sozialistischer Rechtspositionen ist gerade bei komplizierten menschlichen Entscheidungen und Handlungen und ihrer rechtlichen Qualifizierung von überragender Bedeutung, wie Erfahrungen immer wieder beweisen. Im Ergebnis bleibt festzustellen, daß die Prüfung und Feststellung individueller Verantwortung und Verantwortlichkeit bei Entscheidungen mit Risikocharakter stets davon ausgehen müssen, daß — und wir stimmen auch hierin mit der Entscheidung des Obersten Gerichts voll überein — es verfehlt wäre, bei „Mut zum Risiko die Frage der Verantwortlichkeit des hierzu bereiten Mitarbeiters nur deshalb aufzuwerfen, weil das Eindringen in bisher unbekannte Bereiche auf unvorhergesehene Hindernisse gestoßen ist und vorerst nicht zum angestrebten Ergebnis geführt hat. Aber wenn auch der Mißerfolg einer Forschungs- und Entwicklungsarbeit allein keine Aussage über das Vorliegen einer Arbeitspflichtverletzung gestattet, so ist es doch unter bestimmten Voraussetzungen gerechtfertigt, anhand von besonderen Umständen des Einzelfalls auch die Frage der Verantwortlichkeit des betreffenden Mitarbeiters zu stellen und gegebenenfalls mit Maßnahmen der disziplinarischen Verantwortlichkeit zu reagieren."[141]

Zweifellos. — Nur eben sind die besonderen Probleme der Entscheidung und Handlung bei schöpferisch-riskantem Handeln in all ihren Konsequenzen voll zu beachten. Die rechtliche Wertung z. B. von entschuldbaren Fehleinschätzungen und Schadensereignissen muß sichern, daß hohe Verantwortungsbereitschaft und sachliche Fundiertheit schöpferisch-riskanten Handelns stets die entscheidenden Wertmaßstäbe sind. Abweichungen davon bilden nicht schlechthin Pflichtverletzungen, sondern können durchaus im Toleranzbereich liegen. Dies exakt zu ermitteln und dabei die Determinanten des Entscheidungszeitpunktes in den Mittelpunkt rechtlicher Prüfung zu stellen, ist Gegenstand und auch Schwierigkeit der Prüfung und Feststellung individueller rechtlicher Verantwortung und Verantwortlichkeit bei Risikohandlungen — gleichviel, aus der Sicht welchen Rechtszweiges diese vorgenommen wird.

Im § 169 StGB sind bedeutsame Tatbestandselemente enthalten, die in ihrer Verknüpfung mit entscheidungstheoretischen Bestimmungsgliedern eine gute Grundlage zur wissenschaftlich fundierten Wertung von Risikohandlungen bieten und für das sozialistische Recht insgesamt tragfähige Ausgangspunkte bei der Prüfung und Feststellung individueller Verantwortlichkeit fixieren. Als eine gesetzliche Voraussetzung für das Vorliegen einer gerechtfertigten Risikohandlung wird zunächst bestimmt, daß die Handlung vorgenommen wird, „um einen bedeutenden wirtschaftlichen Nutzen herbeizuführen oder einen bedeutenden wirtschaftlichen Schaden abzuwenden." Es wird damit vom Gesetz her eine gesellschaftlich positive Nutzenserwartung bzw. Handlungsmotivation verlangt. Die subjektive Nutzenserwartung kann dabei nicht isoliert von den anderen Bedingungen der Entscheidung betrachtet werden. Sie ist einzuordnen in jene übergreifende Nutzensproblematik, die den realen Wert der Risikohandlung insgesamt bestimmt. Insofern bilden aus gesellschaftlicher Sicht bestimmbare und aus individuellem Streben ableitbare Nutzenserwartungen bedeutsame Anhaltspunkte für die Wertigkeit der Risikohandlung insgesamt. Anhand dieses Elements können riskante Handlungen mit *einseitig* individueller Nutzenserwartung bzw. solche mit dem Ziel *ungerechtfertigter* Bereicherung, aber auch solche mit *kraß betriebsegoistisch orientierter Nutzenserwartung* aus dem Kreis der von § 169 StGB erfaßten Handlungen von vornherein ausgeschlossen werden. Der § 169 StGB verlangt in einem weiteren Tatbestandselement eine „verantwortungsbewußte Prüfung aller die Handlung betreffenden Umstände." Damit wird der Prozeß der Entscheidungsvorbereitung, der der unmittelbaren Entscheidungsfindung und der seiner Realisation erfaßt; eine auf den jeweiligen Fall bezogene Prüfung der *wahrscheinlichen* positiven und negativen Konsequenzen der riskanten Handlung ist dabei ebenso erforderlich wie die sachkundige, verantwortungsbewußte und umsichtige Berücksichtigung aller Einflußfaktoren, die mit dem Risiko in unmittelbarem oder mittelbarem Zusammenhang stehen.

Verallgemeinert kann daher festgestellt werden, daß das Wesen jeden gerechtfertigten Risikos darin besteht, daß das erforderliche Maß an Sachkunde und Verantwortungsbewußtsein in allen Etappen des Entscheidungsprozesses aufgebracht wird und in diesem Prüfstadium insbesondere die die Risikohandlung kennzeichnenden Elemente der *wahrscheinlichen positiven oder* (und) *negativen Konsequenzen und die Berechtigung ihrer Akzeptierung im Mittelpunkt der Bewertung stehen.* Das die riskante Handlung bestimmende Verhältnis zwischen den erstrebten wirtschaftlichen Werten und denjenigen, die in Gefahr gebracht werden, läßt relativ festumgrenzte und starre Parameter für die Bestimmung des sozialen Wesens des gerechtfertigten Risikos nicht zu.

Im weiteren kennzeichnet der § 169 StGB eine Handlung dann als ein gerechtfertigtes Wirtschafts- und Entwicklungsrisiko, wenn nach Prüfung aller die Handlung betreffenden Umstände der Handelnde „die eingetretenen wirtschaftlichen Nachteile für wenig wahrscheinlich halten durfte". Dies fordert, daß derjenige, der eine Entscheidung mit Risikocharakter trifft, in einer dem Entscheidungstyp entsprechenden Weise Informationen über die objektive Folgenwahrscheinlichkeit einholt, eine sorgfältige Analyse der Gesamtumstände vornimmt, um mögliche Begleitumstände und Störfaktoren berücksichtigen zu können, bestimmte Erfahrungswerte hinsichtlich ihres Eintritts in Erwägung zieht und alle vorhandenen Quellen nutzt, um die Wahrscheinlichkeit des Eintritts negativer Folgen möglichst exakt bestimmen zu können. Neue Verfahren der Entscheidungsvorbereitung sind anzuwenden, um zuverlässige Ausgangswerte und Kriterien der Situationsanalyse zu erhalten. Die Schwierigkeiten einer genauen Bestimmung der objektiven Schadenswahrscheinlichkeit bedingen die relative Dehnbarkeit der gesetzlichen Formulierung „wenig wahrscheinlich". Dieser rechtliche „Spielraum" ist jedoch erforderlich, um eine flexible Einschätzung derartiger Sachverhalte zu ermöglichen.

Wesentlich für die rechtliche Beurteilung von Risikoentscheidungen ist die Feststellung derjenigen Faktoren, die die *persönliche Verantwortung* des handelnden Menschen in diesem Prozeß betreffen, seine Aktivität, Umsicht und Exaktheit bei der Ermittlung wahrscheinlicher negativer Konsequenzen. Diese Aktivitäten sind am Maß des in der Situation möglichen und nötigen Aufwandes an Leitungsaktivität, an persönlichem Engagement und Verantwortungsbewußtsein zu messen. Sofern grobe Fehleinschätzungen der objektiven Folgenwahrscheinlichkeit festgestellt werden, ist detailliert herauszuarbeiten, welche Faktoren zu einem solchen fehlerhaften Resultat führten, ob bestimmte Persönlichkeitsmängel, verfehlte Entscheidungsstrategien, situationsgebundene Faktoren usw. eine Rolle gespielt haben und ob und in welchem Maße diese Faktoren demjenigen, der die Risikoentscheidung traf und zu verantworten hat, anzulasten sind. Schließlich fordert § 169 StGB eine Prüfung der Berechtigung zur Handlung unter dem Aspekt, ob der Handelnde „die eingetretenen wirtschaftlichen Nachteile ... für wesentlich geringer als den vorgesehenen wirtschaftlichen Nutzen halten durfte". Dieses Tatbestandselement wertet statt der Folgenwahrscheinlichkeit die relative Schadensgröße im Vergleich zum Nutzen. Dieser Aspekt dürfte vor allem dann wichtig sein, wenn die objektive Schadenswahrscheinlichkeit nur sehr ungenau, sehr indirekt oder gar nicht eingeschätzt werden kann, wenn also unzureichende, unsichere oder keine Informationen darüber vorliegen. Hier ist der Handelnde gezwungen, für den Fall des Schadenseintritts die Höhe des wahrscheinlichen Schadens zu dem angezielten Nutzen in Beziehung zu setzen. Auch wenn mehrere Entscheidungsalternativen vorliegen, bei denen durchweg schädliche Konsequenzen als sehr wahrscheinlich oder sicher eingeschätzt werden können, rückt der Aspekt des relativen Schadensumfanges in den Vordergrund. Der Entscheidende muß dann durch optimale Nutzen-Schaden-Bilanzierung auf der Grundlage qualifizierter und verantwortungsbewußter Leitungsarbeit die Alternative mit dem geringsten relativen Schaden ermitteln. Insbesondere das Maß an Sorgfalt bei der Ermittlung des möglichen Schadens und sein Verhältnis zum angezielten Nutzen bilden hierbei die entscheidenden rechtlichen Wertungselemente. Damit ist grundlegend festzustellen: Die Prüfung und Feststellung *individueller rechtlicher Verantwortlichkeit* ist u. E. anhand dieser Prüfkriterien generell vorzunehmen.

Die im Strafrecht lokalisierte Norm des Wirtschafts- und Entwicklungsrisikos und die dieser Norm zugrunde liegenden Wertungsprinzipien sind geeignet, die Voraussetzungen und Elemente individueller Verantwortlichkeit bei schöpferisch-riskantem Handeln im sozialistischen Recht einheitlich zu bestimmen. Gerade die Tatsache, daß § 169 StGB allgemeine Anforderungen an Sachgerechtheit — als komplexem objektivem Kriterium — und Verantwortungsbewußtsein — als subjektivem Wertungselement — enthält und damit im sozialistischen Recht prinzipiell gültige Verantwortlichkeitskriterien in sich vereinigt, erlaubt und fordert ihre Anwendung auch im speziellen Fall. Die Norm enthält zudem grundlegende Aktivierungsmomente, die keineswegs etwa das „Sichergehen vor Strafe" bei gerechtfertigt riskantem Handeln betreffen, sondern die Stimulierung zu schöpferischem Handeln im Interesse der Volkswirtschaft fordern und fördern. Damit erfüllt sie Aufgabenstellungen genereller Natur, sind ihre Grundelemente — unabhängig von speziellen Funktionen einzelner Rechtszweige — *stets dann anwendbar, wenn die Frage individueller rechtlicher Verantwortlichkeit* zu prüfen und einheitlich zu beantworten ist. Da bei Vorliegen einer schöpferisch-riskantes Handeln rechtfertigenden Zielstellung, bei Vorliegen einer verantwortungsbewußten Prüfung aller die Handlung betreffenden Umstände, bei einer die Handlung rechtfertigenden Einschätzung, daß das Eintreten wirtschaftlicher Nachteile wenig wahrscheinlich bzw. im Verhältnis zum angezielten Nutzen gerechtfertigt ist, weder eine Pflichtverletzung, noch eine Gesellschaftswidrigkeit bzw. Gesellschaftsgefährlichkeit der Handlung, noch eine subjektive Schuld im Handeln festzustellen sind, liegt — in Übereinstimmung mit grundlegenden sozialistischen Rechtsprinzipien — eine gesellschaftlich nützliche, voll in Übereinstimmung mit dem sozialistischen Recht stehende und vom sozialistischen Recht geforderte Verhaltensweise vor. Damit kann, auch in Übereinstimmung mit den im sowjetischen Recht grundlegend vertretenen Auffassungen, festgestellt werden, daß das Vorliegen eines gerechtfertigten Risikos „eine Widerrechtlichkeit der vollzogenen Handlung" ausschließt. „Als normales Produktionsrisiko sind solche Handlungen einer Person zu verstehen, die in Ausübung ihrer beruflichen Obliegenheiten die vom Gesetz geschützten materiellen Interessen eines Betriebes oder einer Institution einer Gefahr aussetzen, was jedoch mit dem Ziel erfolgt, ein wesentlich höheres Produktionsresultat zu erzielen, das beim gegenwärtigen Stand der Technik mit anderen Mitteln nicht erreicht werden kann. Grundlage für das Entbinden von Verantwortlichkeit für verursachten Schaden ist hier die gesellschaftliche Nützlichkeit einer derartigen Erfüllung der beruflichen Obliegenheiten, die auf die Verbesserung des Produktionsprozesses und die Steigerung der Arbeitsproduktivität abzielt."[142]

4. Sozialistische Persönlichkeitsentwicklung, Schöpfertum und Mut zum Risiko als Erziehungsauftrag

„Es müssen Leute ausgebildet werden, die der Revolution nicht nur ihre freien Abende, sondern ihr ganzes Leben widmen . . ."[143] Verantwortungsvolles, riskantes Handeln ist stets mit Elementen revolutionären Handelns verbunden. Diese Feststellung Lenins ist daher in ihrer ganzen Tiefe für alle jene menschlichen Entscheidungen und Handlungen zutreffend, mit denen der Gesellschaft Wertvolles, dem Anspruch des Schöpferischen gerecht Werdendes, der historischen Notwendigkeit Entsprechendes gegeben oder zu geben versucht wird. Die Entwicklung sozialistischer Persönlichkeiten ist untrennbar mit der Frage verbunden, wie der Mensch „durch seine materiell-gegenständliche oder geistige Tätigkeit — vor allem durch seine Arbeit — auf den gesellschaftlichen Entwicklungsprozeß einwirkt."[144] Die Einwirkung des Menschen auf den gesellschaftlichen Entwicklungsprozeß entsprechend den objektiven Erfordernissen hatten wir als einen bedeutenden Aspekt seines Schöpfertums und seiner Verantwortung bezeichnet. Es ist u. E. daher völlig gerechtfertigt, es als ein Wesensmerkmal sozialistischer Persönlichkeiten anzusehen, erforderliche Entscheidungen mit Mut zum Risiko und damit mit Mut zu den Konsequenzen des Risikos zu treffen. Die bekannten Äußerungen Lenins zum Wert und zur Notwendigkeit der kommunistischen Subbotniks sind in unsere Zeit übertragbar und namentlich im Zusammenhang mit den Aufgaben, die der wissenschaftlich-technische Fortschritt an Verantwortung und Schöpfertum der Menschen stellt, zu nennen. „Die klassenbewußte Arbeit für den Sozialismus ist als Einheit von politischem Kampf und wirtschaftlicher Tätigkeit in der Tat von weltgeschichtlicher Bedeutung, sie hat typische Bewußtseins- und Verhaltensmerkmale sozialistischer Persönlichkeiten geprägt."[145] Die Bewegung für vorbildliche Ordnung, Disziplin und Sicherheit, die in den Betrieben und Kombinaten in unserer Zeit hervorragende Leistungen der Werktätigen erbringt, ist für die weitere Herausbildung und Festigung kommunistischer Einstellungen und Verhaltensweisen zur Arbeit, zu gesellschaftlichen Erfordernissen und damit zu *Verantwortungsbewußtsein und Schöpfertum* der Menschen ganz allgemein kennzeichnend. Im Kampf um hervorragende ökonomische Leistungen gewinnen zunehmend die den Sozialismus als Ganzes kennzeichnenden Werte reale

Gestalt, und sie prägen das Verhalten der Menschen, ihre Umsicht und Verantwortungsbereitschaft in gleichem Maße, wie sie zu neuen Einsichten und neuen Leistungen befähigen. Das Ringen der Kollektive der Werktätigen um vorbildliche Ordnung, Disziplin und Sicherheit in ihren jeweiligen Wirkungsbereichen ordnet sich in die Verwirklichung der einheitlichen Wirtschafts- und Sozialpolitik der Arbeiterklasse und ihrer Partei ein. Verbunden mit vielfältigen Initiativen und Aktivitäten der Werktätigen zur Verwirklichung der Hauptaufgabe (Notizen zum Plan, Slobin-Methode, Bordbücher u. a.), ist der sozialistische Wettbewerb darauf gerichtet, durch abrechenbare Maßnahmen das Arbeitsvermögen und den materiellen Reichtum der sozialistischen Gesellschaft vor Verlusten zu schützen, die Arbeitssicherheit und die Arbeitskultur zu erhöhen und dadurch die Arbeits- und Lebensbedingungen weiter zu verbessern. Gerade *weil* der Wettbewerb um vorbildliche Ordnung, Disziplin und Sicherheit immer mehr in den Wettbewerb zur Erfüllung der Hauptaufgabe insgesamt eingeordnet wird, eröffnet er vielfältige Möglichkeiten zur Formung sozialistischer Persönlichkeiten, zur weiteren Festigung und Entwicklung sozialistischen Verantwortungsbewußtseins und zur Herausbildung von Verhaltensweisen, die diesen hohen Ansprüchen umfassend gerecht werden. Die schöpferisch arbeitenden Werktätigen, die sich hier bei der Erfüllung der im Plan Wissenschaft und Technik enthaltenen Aufgabenstellungen ebenso bewähren wie bei der Realisierung bedeutsamer Rationalisierungsaufgaben, die auf vielen Gebieten unmittelbarer produktiver Tätigkeit darum kämpfen, mit jedem Gramm, jeder Minute und jedem Pfennig zu sparen, siebenmal zu messen und tausendmal zu überlegen, wie der gesellschaftliche Nutzen erhöht und die übertragene Verantwortung noch besser, umfassender und nachdrücklicher wahrgenommen werden kann, wissen, daß der Kampf um den gesellschaftlichen Fortschritt ein Kampf um den wissenschaftlich-technischen Fortschritt, ein Kampf um Energie, Stahl, Rohstoffe und Effektivität, das heißt harter Klassenkampf ist. Dieses Wissen und dieses Bewußtsein der fortgeschrittensten Werktätigen bestimmen ihre Einstellungen, Handlungsbereitschaft und die Qualität ihrer Handlungen. Im Wettbewerb um vorbildliche Ordnung, Disziplin und Sicherheit werden einerseits hervorragende ökonomische, wissenschaftlich-technische sowie Ordnung und Sicherheit verpflichtete Leistungen vollbracht; es werden zugleich vielfältige erzieherische Potenzen entwickelt und wirksam. Sie lösen weit über das eigene Arbeitsgebiet, den eigenen Verantwortungsbereich hinaus gesamtgesellschaftliche Wirkungen aus. Im Kern geht es stets darum, die Meisterung des wissenschaftlich-technischen Fortschritts zum Wohle der ganzen Gesellschaft im Handeln der Menschen zu sichern. U. Wilke nennt es u. E. völlig zu Recht das „Moment des Avantgardistischen, das die Besten gerade aus den Reihen der Jugend zu bedeutsamen Risikosituationen hinzieht, die Möglichkeit, über sich selbst hinauszukommen und zugleich die Gesellschaft schneller mit voranzubringen. Da ist der rationale ausweisbare Platz für jede persönliche Initiative von heute."[146]

Wir halten die Wettbewerbsführung für vorbildliche Ordnung, Disziplin und Sicherheit in den Betrieben und Kombinaten deshalb für eine besonders wertvolle erzieherische Form sozialistischer Gemeinschaftsarbeit, weil hier hohe wirtschaftliche und Ordnungs- sowie Sicherheits- und Disziplinleistungen zugleich entwickelt und praktisch eingesetzt werden. Das schließt ein, daß schöpferische Leistungen zur Durchsetzung des wissenschaftlich-technischen Fortschritts etwa im Rahmen der Neuerer- und Rationalisatorenbewegung sowohl unter ökonomischen als auch aus sicherheitstechnischen Aspekten, sowohl aus betriebsspezifischer als auch aus gesamtgesellschaftlicher Sicht, sowohl unter wirtschaftlichen Effektivitätsgesichtspunkten als auch unter denen des Umweltschutzes gesehen und damit sowohl wirtschafts- als auch sozialpolitische Aufgabenstellungen verwirklicht werden. Damit ist zugleich für die Leitungstätigkeit in den Betrieben und Kombinaten ein hoher Anspruch formuliert, der von großer erzieherischer Bedeutung ist. Stets ist zu sichern, daß bei allen Entscheidungen, bei der materiellen und moralischen Stimulierung ebenso wie bei der Kontrolle und Abrechnung der Leistungen, d. h. praktisch hinsichtlich aller Prozesse, die in den Betrieben und Kombinaten zu leiten und zu realisieren sind, die Grundsätze von Ordnung, Disziplin und Sicherheit prozeß- und tätigkeitsspezifisch verwirklicht werden. Zutreffend weist der Generaldirektor des Kombinats VEB Chemische Werke Buna, Bärwinkel, darauf hin, daß *Ordnung* dann bewußt eingehalten und durchgesetzt wird, „wenn von der Vorbereitung der Produktion über die laufende Produktion bis zum Verkauf und den damit verbundenen Geldeinnahmen mit dem geringsten Arbeitsaufwand gearbeitet wird, keine Fehlzeiten und Doppelarbeiten auftraten, die Mehrung des Volkseigentums die Sache eines jeden einzelnen geworden ist und die Beziehungen der Menschen untereinander von einem hohen sozialistischen Bewußtsein getragen werden. Unter Ordnung verstehen wir auch eine volle Nutzung der eingesetzten Rohstoffe einschließlich der Aufarbeitung von Sekundärrohstoffen."[147] Ähnlich hohe und für alle betrieblichen Prozesse gleichermaßen gültige Ansprüche richtet Bärwinkel an die Erfüllung der Forderungen der Sicherheit, Disziplin und Sauberkeit. Damit ist auch gesagt, daß Ordnung, Disziplin, Sicherheit nicht allein in der produktiven Sphäre im Rahmen des sozialistischen Wettbewerbs weiter auszubauen und erzieherisch wirksam zu machen sind, sondern alle Phasen des Reproduktionsprozesses betreffen und mit jeweils spezifischen Inhalten Wettbewerbsgegenstand sein müssen. Wir halten diese Feststellungen deshalb für außerordentlich bedeutsam, weil die erzieherischen, die Verantwortung und Verantwortungsbereitschaft der Menschen betreffenden Wirkungen eines solchen Wettbewerbskonzeptes von vornherein sichern, daß einheitliche Maßstäbe in allen Bereichen gelten und sich alle Werktätigen an den grundlegenden Zielen einheitlich orientieren. Auf diesem Fundament verantwortungsvoller sozialistischer Arbeit, das in seinen Grundwerten gekennzeichnet ist durch „Disziplin, Kollektivität, Beharrlichkeit, hohes Verantwortungsbewußtsein, Risikobereitschaft, Selbständigkeit und Selbstbewußtsein, Aktivität und schöpferisches Mitdenken und durch andere gesellschaftlich-wertvolle Eigenschaften"[148], bieten sich auch für die weitere Ausprägung schöpferisch-riskanten Handelns gute Möglichkeiten sowohl für die Gesellschaft als auch den einzelnen. Die Gesellschaft ist eher bereit und in der Lage, das im Schöpfertum enthaltene Risiko in grundlegenden Rechtsakten definitiv zu regeln und der verantwortungsvollen Entscheidung und Handlung der Menschen einen größeren Spielraum zu geben. Der einzelne ist eher bereit und in der Lage, die eigene „Entwicklungsdynamik und die Bewältigung der unvermeidlich anhaftenden Risiken nicht so sehr der gesellschaftlichen Entwicklungsdynamik unterzuordnen (weil sie ihr ohnehin untergeordnet ist), sondern mit dem größtmöglichen Grad an Bewußtheit und der ganzen Intensität, die sich aus einer drängenden inneren Spannungssituation ergibt, die Seite anzuzielen, die aus dem Unbestimmtheitscharakter der Risiken überhaupt, damit auch der gesellschaftlich wie persönlich bedeutsamen logischerweise folgt — die nämlich, daß die historisch notwendige Effektivität von Handlungen, deren Ausgang bis zum unmittelbaren Abschluß nicht mit letzter Gewißheit feststeht, gerade deswegen auch um einiges überboten werden kann."[149]

Dieser Prozeß vollzieht sich nicht von selbst, er bedarf einer zielstrebigen Leitung.

Dazu gehört, daß die sozialistische Persönlichkeit nicht nur verbal erfährt und lernt, in welch hohem Maße die sozialistische Gesellschaft die Entwicklung und den Einsatz ihrer schöpferischen Fähigkeiten und Talente fördert, sondern „sie auch leben lehrt, daß es zum Leben, zur Praxis Bezug hat und Überzeugungen und Haltungen ausbildet, die das sozialistische Leben fordert“[150].

Die noch immer anzutreffende Skepsis mancher Leiter, die z. B. hinsichtlich des bewußten Eingehens eines Risikos von der Faustformel ausgehen: „Geht es gut, bringt es mir eine Auszeichnung — verläuft es negativ, bringt es mir eine Strafe“ — ist nicht nur Ausdruck eines gewissen Unverständnisses den Zielen und Funktionen des sozialistischen Rechts gegenüber. Sie liegt teilweise auch darin begründet, daß enge, fehlende oder fehlerhafte ökonomische und rechtliche Regulation des Risikos diesen Eindruck bekräftigen. Die erzieherische Arbeit zur Überwindung derartiger schädlicher „Faustformeln“ kann u. E. nur dann erfolgreich sein, wenn das sozialistische Recht im Gleichklang mit ökonomischen und anderen, z. B. auch technischen Regeln und Regelungen bewirkt, daß Schöpfertum und Initiativen der Werktätigen planmäßig entwickelt, anerzogen und als positiv bewertet erlebt werden. Wir sind mit H. Koch der Meinung, daß sich die gesellschaftliche Anerkennung und Wertschätzung auf alle Arten gesellschaftlich nützlicher Tätigkeit erstrecken müssen und „Bewußtsein und Gefühle des sozialen Rangs und der gesellschaftlichen Wertigkeit jedweden schöpferischen Tuns“[151] zu wecken sind. Wenn Koch aus kulturtheoretischer Sicht bemängelt, daß nicht selten in apodiktischer, der Vielfalt des Lebens in unzureichendem Maße Rechnung tragender Art und Weise Probleme der Bewältigung komplizierter Handlungserfordernisse nur in ihrem extremen Erscheinungsformen und Wertungen dargestellt werden, so ist dies u. E. auch hinsichtlich der stärkeren rechtlichen Beachtung und Wertung von Motiven und Zielen, die das Handeln der Werktätigen namentlich bei der bewußten Entscheidung für ein Risiko bestimmen, von nicht zu unterschätzender Bedeutung.

Die Förderung der schöpferischen Initiativen und die Entwicklung sozialistischen Verantwortungsbewußtseins aller Werktätigen sind eine einheitliche Aufgabe, die im Rahmen der sozialistischen Leitungsarbeit und bei der klugen Verwirklichung des sozialistischen Rechts gerade in oft sehr komplizierten Fällen schöpferisch-riskanten Entscheidens und Handelns gelöst werden muß. Um den gesellschaftlichen Fortschritt bewußt und planmäßig verwirklichen zu können, ist die gesamte staatliche und wirtschaftsleitende Tätigkeit so zu gestalten, daß die objektiven Erfordernisse der Gesellschaftsentwicklung im Handeln aller Werktätigen zielstrebig und mit hohem schöpferischem Engagement durchgesetzt werden. „Die gesellschaftliche Wirksamkeit der staatlichen Leitung hängt davon ab, in welchem Maße es gelingt, den objektiven Gesetzen des Sozialismus bewußt Rechnung zu tragen und die Schöpferkraft der Werktätigen für ihre Durchsetzung zu entfalten.“[152] Diese objektiv erforderliche und als ständiger Prozeß zu sichernde Erhöhung der Wirksamkeit der Leitungstätigkeit auf allen Ebenen und in allen Bereichen des gesellschaftlichen Lebens stellt an das sozialistische Recht Anforderungen in vielfacher Hinsicht. Eine dieser Anforderungen besteht zweifellos darin, Stellung und Verantwortung der Leiter in den Staats- und Wirtschaftsorganen, den Ministerien und örtlichen Volksvertretungen ebenso wie in den VVB, Kombinaten und Betrieben rechtlich so zu gestalten, daß ihre Entscheidungen, Handlungsanweisungen und Handlungen zu wirksamen Instrumenten bei der Durchsetzung des geschichtlich Notwendigen werden. Den Leitern aller Ebenen und aller Bereiche des gesellschaftlichen Lebens ist vom sozialistischen Staat eine hohe Verantwortung für die einheitliche, effektive und konsequente Durchsetzung der in gesetzlichen Bestimmungen komprimiert enthaltenen Aufgabenstellungen zur weiteren Gestaltung der entwickelten sozialistischen Gesellschaft und bei der planmäßigen Schaffung von Voraussetzungen für den allmählichen Übergang zum Kommunismus übertragen worden. Ihre besondere Verantwortung für die zielstrebige Verwirklichung dieses Prozesses betrifft die Sicherung einer konsequent auf dem sozialistischen Recht basierenden Leitungstätigkeit, da sozialistische staatliche Leitung, sozialistische Wirtschaftstätigkeit Durchsetzung sozialistischer Gesetzlichkeit ist und Verwirklichung sozialistischer Gesetzlichkeit die strikte Beachtung wirtschaftlicher Effizienzgesichtspunkte ebenso wie die Entwicklung und Herausforderung aller schöpferischen Potenzen der Werktätigen verlangt. Mit Recht wird daher insbesondere auch aus psychologischer Sicht gefordert, klare Handlungsorientierungen und einheitliche Bewertungsmaßstäbe vorzugeben, was u. E. im Zusammenhang mit schöpferisch-riskantem Handeln von besonderer Bedeutung ist. Da für die weitere Entwicklung der „Fähigkeit zu eigenständigem Bewerten als wesentlicher Grundlage für bewußtes, zielbezogenes, weg- und folgenkritisches Handeln . . . die Vermittlung klarer Bewertungsmaßstäbe eine wichtige Voraussetzung“[153] ist, muß sowohl bei der Rechtssetzung, vor allem aber im Rahmen sozialistischer Rechtserziehung diesem Aspekt besondere Aufmerksamkeit gewidmet werden. Es muß die rechtliche Gewißheit bei Leitern und allen Werktätigen erzeugt werden, daß die Übernahme auch einer erhöhten Verantwortung bei einer riskanten Handlungsvariante nicht deshalb mit einem persönlichen „Risiko“ verbunden ist, weil etwas passieren kann — das ist nun einmal das Kriterium, das dem Risiko seinen Risikocharakter gibt —, sondern — und darin unterscheidet sich dieses „Risiko“ in keiner Weise von jedem anderen mit der Ausübung von Verantwortung verbundenen — weil der Handelnde *nicht* die Umsicht, Sorgfalt, Solidität bei der Entscheidungsvorbereitung und -fällung gezeigt hat, vielmehr leichtfertig, überheblich oder liederlich und damit verantwortungslos gehandelt hat. Das aber hat wesensmäßig nichts mit einem Risiko zu tun, und die rechtlichen Folgen, d. h. das individuelle Einstehen-Müssen dafür, sind hier wie da Folgen der Verantwortungslosigkeit, nicht aber des Risikos. Die riskante Handlung ist niemals als Antipode zur verantwortungsbewußten Handlung, das Risiko niemals als Gegenpol zur Verantwortung zu begreifen. Nicht Risiko *oder* Verantwortungsbewußtheit, sondern Verantwortungsbewußtheit beim Eingehen eines Risikos, nicht Risiko *in* der Verantwortung, sondern Verantwortung *beim* Risiko lautet die Forderung, die gestellt und erfüllt werden muß. So betrachtet, ist die Scheu vor dem Risiko eine Scheu vor der Verantwortung. Die bei der Bewältigung der wissenschaftlich-technischen Revolution ständig wachsenden Aufgaben in der Volkswirtschaft und in allen Sphären des gesellschaftlichen Lebens sind *allseitig verantwortungsbewußt* zu lösen, dies ist die einheitliche Aufgabe, die mit verschiedenen Mitteln gelöst werden muß. Die Erziehung zum verantwortungsvollen Risiko ist eine Aufgabe des sozialistischen Rechts, aber sie ist nicht *nur* vom Recht zu lösen. Es ist eine Aufgabe ökonomischer Regulierung und Stimulierung, aber nicht nur als ökonomisches Problem lösbar. Es ist eine Aufgabe der Erziehung zu kommunistischem Verhalten, das von Mut und Einsatzbereitschaft, von Bereitschaft, sich mit ganzer Kraft für die Entwicklung der Gesellschaft und den wissenschaftlich-technischen Fortschritt einzusetzen, wesentlich geprägt ist. Wer Neues hervorbringt, trägt auch die Verantwortung, dem Neuen zum Durchbruch und zur gesellschaftlichen Wirksamkeit zu verhelfen. „Der Kampf für die Durchsetzung des Neuen ist meist ein zäher Kampf mit eingefahrenen Denkgewohnheiten, mit geistiger Trägheit, Formalismus und Rechthaberei, mit einer Bequemlichkeit, die dem revolutionären Geist des Sozialismus wesensfremd ist. Dieser Kampf verlangt vom Wissenschaftler persönlichen Mut, Überzeugungskraft und Standvermögen. Andererseits muß der Kampf gegen kreativitätstötende Phrasen und Gewohnheiten ('So haben wir es doch nie gemacht'; 'Bringt nur Ärger'; 'Alles graue Theorie'; 'Wenn das dran wäre, dann hätte man es schon woanders gemacht'; usw.) in den Mittelpunkt der ideologischen Arbeit bei der Beschleunigung des wissenschaftlich-technischen Fortschritts gestellt werden."[154]

Anmerkungen

1 Programm der SED, Berlin 1976, S. 27.
2 W. I. Lenin, Erfolge und Schwierigkeiten der Sowjetmacht, in: Lenin, Werke (im folgenden: Werke), Bd. 29, Berlin 1961, S. 55.
3 W. G. Afanasjew, Soziale Information und Leitung der Gesellschaft, Berlin 1976, S. 147.
4 Ebenda, S. 153.
5 K. Hager, Aufgaben von Wissenschaft und Bildung nach dem IX. Parteitag der SED, Berlin 1977, S. 18f.
6 W. I. Lenin, a. a. O., S. 55.
7 W. I. Lenin, Rede auf dem I. Gesamtrussischen Kongreß der Volkswirtschaftsräte, in: Werke, Bd. 27, S. 408.
8 W. I. Lenin, Rede auf dem II. Gesamtrussischen Verbandstag des medizinischen und Sanitätspersonals, in: Werke, Bd. 30, S. 394.
9 K. Marx, Das Kapital, Erster Band, in: Karl Marx/Friedrich Engels, Werke (im folgenden MEW), Bd. 23, S. 510f.
10 E. Honecker, Der VIII. Parteitag und unsere nächsten Aufgaben, Berlin 1972, S. 39.
11 E. Honecker, Bericht des ZK der SED an den IX. Parteitag der SED, Berlin 1976, S. 74.
12 Marxistisch-leninistische allgemeine Theorie des Staates und des Rechts, Bd. 4, Berlin 1976, S. 11.
13 Wachsende Resultate durch Wissenschaft und Technik. Aus der Diskussionsrede von H. Weiz auf dem 5. Plenum des ZK der SED, ND vom 19./20. 3., 1977.
14 K. Hager, Der IX. Parteitag und die Gesellschaftswissenschaften, ND vom 26. 11., 1976.
15 S. F. Odujew, Freiheit, Notwendigkeit und Verantwortung in der sozialistischen Gesellschaft, in: Deutsche Zeitschrift für Philosophie 4/1976, S. 402.
16 Programm der SED, a. a. O. S. 67.
17 M. Posch, Allgemeine zivilrechtliche Schutznormen, Verhaltenspflichten und Rechtfertigungsgründe, in: Neue Justiz 19/1976, S. 584.
18 W. A. Rassudowski, Das Recht und das wissenschaftlich-technische Schöpfertum, Moskau 1975, S. 8 (russ.).
19 J. Pfotenhauer, „Die Wirtschaft" fragte: Was zwingt, was hemmt Sie, hohe Ziele in der wissenschaftlich-technischen Arbeit anzustreben und zu erreichen? In: „Die Wirtschaft" Nr. 12/1977.
20 W. G. Afanasjew, a. a. O., S. 146f.
21 K. Marx/F. Engels, Die heilige Familie, in: MEW, Bd. 2, Berlin 1958, S. 86.
22 G. Nolepa/L. Steitz, Wissenschaft — technischer Fortschritt — Arbeiterklasse — Schöpfertum, Berlin 1975, S. 15.
23 W. I. Lenin, Die große Initiative, in: Werke, Bd. 29, S. 408f.

24 A. A. Nalčadžjan, Intuition im wissenschaftlichen Schöpfertum, Berlin 1975, S. 124.
25 Wörterbuch der Psychologie, Berlin 1976, S. 465.
26 Autorenkollektiv, Sozialismus und wissenschaftliches Schöpfertum, Berlin 1976, S. 185.
27 W. G. Afanasjew, a. a. O., S. 140f.
28 R.-W. Bauer, Platz und Funktion der juristischen Verantwortlichkeit im Wirkungsmechanismus des sozialistischen Rechts bei der Herausbildung rechtnormengemäßen Verhaltens. Dissertation (Entwurf), Berlin 1977, S. 46.
29 W. Bradter, Moral — Motiv — Verhalten, Berlin 1976, S. 138f. (Zitat im Zitat: W. I. Lenin, Gesamtrussischer Kongreß für außerschulische Bildung, in: Werke, Bd. 29, Berlin 1963, S. 330.)
30 E. Honecker, Bericht des ZK der SED an den IX. Parteitag der SED, a. a. O. S. 87.
31 L. I. Breshnew, Rechenschaftsbericht des Zentralkomitees der KPdSU an den XXIV. Parteitag der Kommunistischen Partei der Sowjetunion, Moskau—Berlin 1971, S. 93f.
32 G. Pflicke Zu Fragen des sozialistischen Rechtsbewußtseins bei der Leitung der Volkswirtschaft, in: Sozialistisches Rechtsbewußtsein — Herausbildung und gesellschaftliche Wirkung. Berlin 1976, S. 56.
33 G. Friedrich, Entscheidungstheorie und Vervollkommnung der Leitungsentscheidungen in der Volkswirtschaft, Berlin 1976, S. 18ff.
34 U. P. Rassochin, Die Verbindung zwischen Wissenschaft und Produktion, Manuskript (in der Übersetzung), Potsdam-Babelsberg 1976, S. 52.
35 E. Honecker, Bericht des ZK der SED an den IX. Parteitag der SED, S. 76.
36 Ebenda.
37 G. Pflicke, a. a. O., S. 59.
38 U. P. Rassochin, a. a. O., S. 65.
39 XXV. Parteitag der KPdSU, Rechenschaftsbericht des ZK der KPdSU und die nächsten Aufgaben der Partei in der Innen- und Außenpolitik, Berlin 1976, S. 56.
40 Einige dieser Aspekte nennt Rassochin, a. a. O., S. 68/70.
41 U. P. Rassochin, a. a. O., S. 73.
42 E. Honecker, Bericht des ZK der SED an den IX. Parteitag der SED, S. 83.
43 W. I. Lenin, Konzept zu Hegels „Wissenschaft der Logik", in: Werke, Bd. 38, Berlin 1964, S. 204.
44 Ebenda, S. 191.
45 W. A. Chotjakova, Soziale Gesetze und soziales Handeln, in: Wissenschaft und Gesellschaft, Berlin 1975, S. 40.
46 W. I. Lenin, Rede in der gemeinsamen Sitzung am 17. Januar 1919 in: Werke, Bd. 26, Berlin 1959, S. 405.
47 G. Friedrich, Entscheidungstheorie und Vervollkommnung der Leitungsentscheidungen in der sozialistischen Wirtschaft, a. a. O., S. 6.
48 Ebenda, S. 4.
49 Vgl. z. B. R. Gericke, Ökonomisch begründete Entscheidungen in der Industrieforschung, Berlin 1968; G. Wilde, Die Führungsentscheidung und ihre Vorbereitung in der sozialistischen Industrie, Berlin 1966; J. A. Tichomirow, Die Leitungsentscheidung, Berlin 1975.
50 Vgl. Fußnote 49.
51 H.-D. Schmidt, Leistungschance, Erfolgserwartung und Entscheidung, Berlin 1966, S. 27.
52 A. Walther/W. Adam, Das Risiko bei der Gestaltung sozialistischer Geschäftsbeziehungen des volkseigenen Betriebes unter Beachtung seiner Stellung im System der sozialistischen Volkswirtschaft, dargestellt am Beispiel volkseigener Betriebe im Bereich des Wirtschaftsrates des Bezirkes Magdeburg. Dissertation, Halle 1971, S. 103.
53 J. D. Bernal, Die Wissenschaft in der Geschichte, Berlin 1967, S. 25.
54 F. Engels, Dialektik der Natur, in: MEW, Bd. 20, Berlin 1958, S. 196.
55 D. Friedrichs, Zum Problem von Unbestimmtheit und Risiko in der Forschung, Dissertation (unveröffentlicht), Berlin 1974, S. 18.

56 Grundmann nennt folgende Gründe für das Auftreten von Risiken in der Überleitungsphase:
„1. Es ergeben sich erst aus den Erfahrungen des Produktionsbetriebes Erkenntnisse im Zusammenwirken aller Anlagenteile, wobei auch das Anfahren der Anlage selbst Risiken mit sich bringen kann. Die Unsicherheit wird dadurch verstärkt, da erst beim Probebetrieb die neuen konstruktiven Auslegungen auf die Bewährung geprüft und danach oft zusätzlich Vorkehrungen getroffen werden müssen.
2. Erst durch den Probebetrieb erhält man die notwendigen Erkenntnisse der endgültigen Schutzgüte der Anlage, weshalb der Schutzgütenachweis auf der Grundlage des Ergebnisses des Probebetriebes zu aktualisieren ist. Vgl. u. a. § 5 Abs. 2 der Abnahmeordnung für Chemieanlagen vom Juni 1972.
3. Man verzichtet auf eine nach den Nomenklaturen vorgesehene Entwicklungs- bzw. Überleitungsstufe, um sehr rasch die wissenschaftlichen Ergebnisse produktionswirksam zu machen und um ökonomisch wettbewerbsfähig zu bleiben, z. B. Verzicht auf ein Produktionsmuster oder Wegfall der Pilotanlage. Das ohnedies vorhandene Risiko wird noch vergrößert.
4. Man wendet neue, noch nicht ausreichend erprobte Verfahren und Technologien an und bzw. oder den Einsatz für den vorgesehenen Verwendungszweck nicht ausreichend erprobter Rohstoffe und Materialien.
5. Es liegt eine fehlende oder nicht ausreichende Erprobung des Zusammenwirkens der Anlagenteile oder ihrer Funktion unter neuen Bedingungen (z. B. Klima, Medium) vor, wenn die Erprobung aus volkswirtschaftlichen Gründen nicht oder nur im durchgeführten Umfang zweckmäßig oder üblich ist."

57 GBl. I Nr. 22 vom 6. 6. 1975, S. 426 ff.

58 W. Mattig, Komplikationsdichte ärztlicher Eingriffe, Berlin 1976.

59 Ebenda, S. 55, 66, 68.

60 Ebenda, S. 104, 110, 118.

61 Ebenda, S. 8.

62 K.-H. Körner, Ein Bagger schreitet durch die Mulde, „Neues Deutschland" vom 1. 8. 1971.

63 W. Burian/R. Heilmann, Notwendigkeit und Möglichkeiten zur Berücksichtigung von Risiken und Planentscheidungen, in: Wirtschaftswissenschaft 10/1973, S. 1480.

64 W. G. Afanasjew, a. a. O., S. 147.

65 Ebenda.

66 W. A. Rassudowski, a. a. O., S. 7ff.

67 M. S. Grinberg, Probleme des Produktionsrisikos im Strafrecht, Berlin 1965, S. 34.

68 Ju. S. Meletschenko/S. W. Schuchardin, Lenin und der wissenschaftlich-technische Fortschritt, Leipzig 1972, S. 178.

69 Wir unterstreichen diese Position, die bereits in der Arbeit „Risiko in Produktion und Forschung als gesellschaftliches und strafrechtliches Problem", Berlin 1968, bezogen wurde, auf der Grundlage vieler Erfahrungen und wissenschaftlicher Erkenntnisse in dieser Arbeit vollinhaltlich.

70 A. Walther/W. Adam, a. a. O., S. 61 und 397.

71 G. Grundmann, Risiko in Wissenschaft und Technik, Leipzig 1976, S. 56.

72 GBl. I Nr. 23 vom 6. 6. 1975, S. 426 ff.

73 Zwölfte Durchführungsbestimmung zum Arzneimittelgesetz — Prüfung von Arzneimitteln zur Anwendung in der Humanmedizin, GBl. I Nr. 17 vom 2. 6. 1976, S. 248, Absätze 1 und 2.

74 GBl. II Nr. 100 vom 24. 9. 1968, S. 802 ff.

75 Vgl. dazu W. Mattig, Komplikationsdichte ärztlicher Eingriffe, a. a. O.

76 Grundmann u. a. nennen im Hinblick auf objektive, das Eingehen des Risikos rechtfertigende Kriterien für den Bereich der wissenschaftlich-technischen Arbeit: *Die Art der Entscheidung:* Hierbei wird gefordert, daß es sich um eine Entscheidung handelt, die das Einschlagen einer bestimmten Forschungs- und/oder Entwicklungsrichtung zum Gegenstand hat, daß die

Aufnahme der Bearbeitung eines konkreten Forschungs- oder Entwicklungsthemas vorgesehen ist, die Wege der Bearbeitung bzw. Lösung der Aufgabenstellung und Richtung sowie notwendige Maßnahmen zur Fortführung der Bearbeitung bzw. zum Abbruch des F/E-Themas bestimmt sind, daß die Bereitstellung und Inanspruchnahme der zur Erreichung des Zieles erforderlichen finanziellen und materiellen Mittel erfolgte und zu ergreifende wissenschaftlich-technische Maßnahmen bei Störungen in der Überleitungsphase (z. B. während des Probebetriebes der Anlagen) sowie erforderliche wissenschaftlich-technische Maßnahmen bei eventuellen Störungen der Produktion vorgesehen sind. Als ein weiteres Prüfkriterium wird 2. die gesellschaftliche Notwendigkeit der Entscheidung genannt. Diese wird dann als gegeben angesehen, wenn zum Zeitpunkt der Entscheidung

— ein gesellschaftliches Bedürfnis zur Lösung der betreffenden Forschungs-, Entwicklungs- oder anderweitigen wissenschaftlich-technischen Aufgaben besteht (z. B. Sicherung wissenschaftlichen Vorlaufs, Beseitigung schädlicher Umwelteinflüsse, Einführung moderner Maschinensysteme, Anlagen und Verfahren, Verbesserung der Arbeits- und Lebensbedingungen);

— eine andere, weniger oder nicht riskante Entscheidungsvariante entweder nicht oder nur mit erheblichem Mehraufwand oder nur durch Inkaufnahme großer zeitlicher Verzögerungen zum Erreichen des angestrebten Ergebnisses (z. B. Erzielung eines beachtlichen gesellschaftlichen Nutzens) führen würde.

Als ein weiteres Element, das riskantes Handeln rechtfertigt, wird 3. die wissenschaftliche Begründung der Entscheidung bezüglich Aufgabenstellung, Ziel und Lösungsweg angesehen. Es geht hierbei darum, daß Aufgabenstellung und damit verbundene Zielvorstellungen als wesentliche Entscheidungsinhalte sowie die Aufgabenbearbeitung von wissenschaftlichen Erkenntnissen und praktischen Erfahrungen getragen sind, d. h., die Entscheidung muß sich auf alle dem Entscheidenden zugänglichen wissenschaftlichen Erkenntnisse, Informationen und praktischen Erfahrungen stützen und unter diesem Aspekt das gestellte Ziel erreichbar erscheinen lassen. Diese Anforderung ist vor allem an Entscheidungen über die Aufnahme der Bearbeitung eines konkreten Forschungs- oder Entwicklungsthemas zu stellen. Schließlich wird 4. die Anwendungs- bzw. Nutzungsmöglichkeit des mit der Entscheidung angestrebten Forschungs- oder Entwicklungsergebnisses verlangt. Dieses auf die Realisierungsbedingungen bzw. die produktive Nutzbarkeit des Ergebnisses abstellende Kriterium ist besonders für die angewandte Forschung und die Entwicklung von Bedeutung.

Als weitere Kriterien, die ein gerechtfertigtes Risiko grundlegend kennzeichnen, werden genannt: 5. Das Verhältnis zwischen dem Forschungs- oder Entwicklungsaufwand und dem angestrebten gesellschaftlichen (insbesondere ökonomischen) Nutzeffekt des Forschungs- oder Entwicklungsergebnisses; 6. die Wahrscheinlichkeit des mit der Risikoentscheidung angestrebten Erfolges; 7. die Entscheidungslegitimation des Handelnden; 8. das Objekt des Entscheidungs- bzw. Handlungsrisikos. Vgl. G. Grundmann, a. a. O., S. 89/90.

77 J. Pfotenhauer, a. a. O., S. 8.

78 Vgl. A. Walther/W. Adam, a. a. O., S. 402.

79 Auch die von Grundmann für ein gerechtfertigtes wissenschaftlich-technisches Risiko genannten Faktoren gehen ausdrücklich von diesen Determinanten aus; uns scheint jedoch, daß das Bestreben, in möglichst konzentrierter Form Elemente zu entwickeln, die das gerechtfertigte Risiko grundlegend determinieren, beibehalten werden sollte. Insofern bieten die von dem Autorenkollektiv spezifizierten Aspekte gewissermaßen Untersetzungen allgemeiner Rahmenkriterien, und sie sind als solche bei der Entscheidungsfindung nützlich. Als derartige Faktoren werden genannt:

1. Faktoren der gesellschaftlichen Notwendigkeit und des Nutzeffektes

1.1. Die gesellschaftliche Notwendigkeit

— Ergebnisse der Analyse des Binnen- und Außenmarktes
— Ergebnisse der Prognosetätigkeit und der langfristigen Planung
— politische Faktoren

— volkswirtschaftlicher Nutzen
— betrieblicher Nutzen
— Schadensmöglichkeit
— materiell-technische Basis für die Forschung, Entwicklung bzw. Überleitung

1.2. Faktoren des Nutzeffektes

— Aufwand an lebendiger und vergegenständlichter Arbeit
— Einsparung an Arbeitskräften
— Einsparung begrenzter Ressourcen bei Herstellung bzw. Anwendung des neuen Erzeugnisses
— nationale und internationale Realisierungsbedingungen
— Steigerung der Fondsrentabilität
— Senkung der Rückflußdauer
— Steigerung des Durchsatzes pro Zeiteinheit bei nahezu unveränderten Produktionsbedingungen
— Steigerung der Qualität der Erzeugnisse
— Steigerung der Devisenrentabilität
— Erhöhung der Unabhängigkeit von Importen aus dem NSW
— Verbesserung der Bedürfnisbefriedigung

2. Die materiell-technische Basis für Forschung, Entwicklung bzw. Überleitung

— Aufwand einschließlich Risikoaufwand
— Verlustmöglichkeit
— Ressourcenbegrenztheit

3. Faktoren, die dem Wahrscheinlichkeitscharakter des wissenschaftlich-technischen Risikos geschuldet sind

3.1. Wahrscheinlichkeit des negativen Verlaufs

3.2. möglicher Verlust durch negativen Verlauf eines wissenschaftlich-technischen Risikos

4. Gesellschaftliche Faktoren

— Gesellschaftsprognose
— Ergebnisse der lang- und mittelfristigen Planung
— Einhaltung der Schutzgüte
— sozialistischer Wettbewerb und Neuererbewegung
— sozialistischer Erfahrungsaustausch
— sozialistische Integration

5. Internationale Faktoren

— Weltmarktanalyse
— Patentrecherchen
— Einfluß kapitalistischer Staaten

Vgl. Grundmann, a. a. O., S. 154f.

80 Ebenda. S. 164, 167.

81 M. G. Jaroševskij, Über drei Verfahren der Interpretation des wissenschaftlichen Schöpfertums, Berlin 1972, S. 138.

82 Vgl. K. Hager, Aufgaben von Wissenschaft und Bildung nach dem IX. Parteitag der SED, a. a. O., S. 13ff.

83 E. Honecker, Aus dem Bericht des Politbüros an das ZK der SED (5. Tagung des ZK der SED), Berlin 1977, S. 17f.

84 S. Lorenz, Schneller zu hoher Qualität und Effektivität der Arbeit, 5. Tagung des ZK der SED, Berlin 1977, S. 52.

85 W. Burian/R. Heilmann, Notwendigkeit und Möglichkeiten zur Berücksichtigung von Risiken und Planentscheidungen, in: Wirtschaftswissenschaft 10/1973, S. 1483.

86 G. Friedrich, Entscheidungstheorie und Vervollkommnung der Leitungsentscheidungen in der sozialistischen Wirtschaft, S. 4f.

87 W. Burian/R. Heilmann, a. a. O., S. 1484.

88 Ebenda, S. 1485/1486.

89 E. Honecker, Aus dem Bericht des Politbüros . . ., a. a. O., S. 18.

90 W. M. Tschikwadse, Recht und wissenschaftlich-technischer Fortschritt, in: Staat und Recht 12/1968, S. 2044/2045.

91 Programm der SED, a. a. O., S. 36.

92 Vgl. dazu: Beschluß des Ministerrates vom 10. 6. 1976 über die Bildung der Industriepreise zur Durchführung des Beschlusses zur Leistungsbewertung der Betriebe und Kombinate, GBl. I Nr. 24 vom 13. 7. 1976, S. 317 ff. sowie die Anordnung vom 10. 6. 1976 über die zentrale staatliche Kalkulationsrichtlinie zur Bildung der Industriepreise, GBl. I Nr. 4 vom 13. 7. 1976, S. 321 ff.

93 Vgl. zu dieser Problematik: F. Matho/G. Schilling, Zur Bewertung der Leistung von Kombinaten und Betrieben, in: Wirtschaftswissenschaft 9/1975, S. 1311 ff.

94 J. A. Tichomirow, Der sozialistische Staat und die wissenschaftlich-technische Revolution, Übersetzung aus: Sovetskoe gosudarstvo i pravo, Moskva 8/1973, S. 3 ff. (S. 12f. der Übersetzung).

95 K. Hager, Sozialismus und wissenschaftlich-technische Revolution, Berlin 1975, S. 44.

96 Wir folgen in diesen Positionen voll U. P. Rassochin, der diese in seiner Arbeit „Über einige Prinzipien der Lösung des Überführungsproblems von Errungenschaften aus Wissenschaft und Technik" (Manuskript S. 2f.) niederlegte.

97 Ebenda, S. 6.

98 GBl. I Nr. 4 vom 28. 1. 1974, S. 37 ff.

99 Diese Untersuchungsergebnisse teilt G. Friedrich mit. Vgl. G. Friedrich, Entscheidungstheorie . . ., a. a. O., S. 5.

100 W. Mattig, a. a. O., S. 8.

101 So die gesetzliche Umgrenzung von Risiken bei der Herstellung von Rationalisierungsmitteln (§ 12 der „Anordnung über die Aufgaben, die Arbeitsweise und Finanzierung der volkseigenen Betriebe für Rationalisierung, der volkseigenen Ingenieurbüros für Rationalisierung und der volkseigenen Organisations- und Rechenzentren der Wirtschaftsräte der Bezirke" vom 29. 3. 1973 (GBl. I 1973, S. 152 ff.). Im § 13 wird festgestellt, daß „zur Deckung von Risiken, die mit der Herstellung von Rationalisierungsmitteln in den Rationalisierungsbetrieben verbunden sind . . . durch den Vorsitzenden des Wirtschaftsrates des Bezirkes gemäß § 9 Abs. 4 dieser Anordnung zweckgebundene Mittel in Form eines Limits bereitgestellt werden.

102 So in diversen Bestimmungen der 12. Durchführungsbestimmung zum Arzneimittelgesetz vom 17. 5. 1976, GBl. I Nr. 17 vom 2. 6. 1976, S. 248 ff.

103 So in diversen Bestimmungen der Verordnung über die Durchführung von Organtransplantationen vom 4. 5. 1975, GBl. I Nr. 32 vom 6. 8. 1975, S. 597 ff.

104 A. Kossakowski, Psychologische Aspekte der allseitig entwickelten sozialistischen Persönlichkeit, in: Pädagogik 2/1976, S. 154.

105 So die Aufgabenstellung in der Direktive des IX. Parteitages der SED zum Fünfjahrplan, Berlin 1976, S. 17 und 23.

106 E. Honecker, Aus dem Bericht des Politbüros an das ZK der SED, a. a. O., S. 18/19.

107 H. Badestein/W. Hildebrand/E. Süß, Die Minimierung und Bewältigung des Risikos bedürfen eines komplexen wirtschaftlichen Regelungssystems, Wirtschaftsrecht 10/1970, S. 595.

108 GBl. I Nr. 4 vom 28. 1. 1974.

109 GBl. II Nr. 1 vom 6. 1. 1971, S. 9.

110 G. Grundmann, Risiko . . ., a. a. O., S. 66.

111 E. Lontai, Einige allgemeine Fragen der Verträge auf dem Gebiete der wissenschaftlich-technischen Zusammenarbeit (Manuskript S. 16 und 18). (Material des wissenschaftlichen Symposiums: Verträge über wissenschaftlich-technische Zusammenarbeit, Babelsberg 1977, unveröffentlicht).

112 So die mündlich vorgetragenen Standpunkte von Osterland auf der Konferenz: Verträge über wissenschaftlich-technische Zusammenarbeit, Babelsberg 1977.

113 So Osterland, a. a. O.,
114 M. Müller, Die Sicherung der Vertragserfüllung bei Verträgen über wissenschaftlich-technische Zusammenarbeit, insbesondere beim Forschungskooperationsvertrag. Beitrag auf dem internationalen Symposium: Verträge über wissenschaftlich-technische Zusammenarbeit, Babelsberg 1977, S. 12.
115 M. Müller, a. a. O., S. 13.
116 Dies fordert M. Müller auch; es kommt aber u. E. darauf an, die Spezifika des Risikos in der von Osterland gewiesenen Richtung bei der Gestaltung der rechtlichen Beziehungen bei wissenschaftlich-technischen Leistungen zu berücksichtigen.
117 M. Bardina, Fragen der materiellen Verantwortlichkeit nach den Verträgen über wissenschaftlich-technische Zusammenarbeit auf der Grundlage der Kooperation. Beitrag zum Symposium: Verträge . . . Babelsberg 1977, S. 6.
118 M. M. Bogulawski, Die rechtliche Regelung der internationalen Wirtschaftsbeziehungen, Moskau 1970, S. 111.
119 U. Rassudowski, Das Problem des Risikos im sowjetischen Recht, in: „Sovetskaja justicija" 17/1975 (in der Übersetzung S. 47).
120 GBl. I Nr. 17 vom 18. 4. 1973, S. 154.
121 Vgl. dazu „Anordnung über die Bildung des Industriepreises für Investitionsleistungen und für den Export von Anlagen durch General- und Hauptauftragnehmer" vom 10. 3. 1971, GBl. II, S. 259.
122 G. Grundmann, Risiko . . ., a. a. O., S. 60.
123 H. Nick, Materiell-technische Basis und gesellschaftlicher Fortschritt, in: Einheit 8/1976, S. 877.
124 Karl Marx, Debatten über die Preßfreiheit, in: MEW, Bd. 1, Berlin 1958, S. 67.
125 H. Sindermann, Bericht zur „Direktive des IX. Parteitages der SED zum Fünfjahrplan für die Entwicklung der Volkswirtschaft in der DDR in den Jahren 1976—1980", Berlin 1976, S. 37.
126 Ebenda, S. 43f.
127 Vgl. W. Bradter, Moral — Motiv — Verhalten, a. a. O., S. 82 ff.
128 U. Wilke, Zur Risikoproblematik und zu einigen ihrer ethischen Aspekte. Dissertation, Berlin 1975, S. 82.
129 A. Meier, Soziologie des Bildungswesens, Berlin 1974, S. 55.
130 Marxistisch-leninistische Staats- und Rechtstheorie, Lehrbuch, Berlin 1975, S. 510.
131 Die im Arbeitsrecht geltenden Rechtsgrundsätze sichern, daß die Werktätigen ihrer Verantwortung als Eigentümer und Produzenten umfassend nachkommen können und bei Schadensverursachungen strikt vom Prinzip individueller Verantwortlichkeit nur bei Vorliegen von Schuld ausgegangen wird.
132 Probleme strafrechtlicher Schuld — Bericht des Präsidiums des Obersten Gerichts an die 6. Plenartagung vom 28. 3. 1973, in: Neue Justiz 3/1973, Beilage, S. 1.
133 J. Lekschas, D. Seidel, H. Dettenborn, Studien zur Schuld, Berlin 1975, S. 18f.
134 H. Steininger, Freiheit und Verantwortung im Sozialismus, in: Einheit 12/1975, S. 1398.
135 Wir möchten bereits an dieser Stelle unterstreichen, daß die auch kritischen Anmerkungen zum OG-Urteil nicht den Einzelfall und die dem Verfasser nicht bekannten Details betreffen, sondern vielmehr *anhand* des Einzelfalles allgemeine Probleme der rechtlichen Wertung von Risikoentscheidungen aufzeigen sollen.
136 So die völlig zu unterstreichenden Feststellungen des Obersten Gerichts der DDR in dem arbeitsrechtlichen Urteil vom 19. 4. 1977, in: Neue Justiz 12/1977, S. 376.
137 Vgl. Urteil des Obersten Gerichts vom 19. 4. 1977, a. a. O., S. 377.
138 OG-Urteil vom 19. 4. 1977, a. a. O., S. 377.
139 OG-Urteil vom 19. 4. 1977, a. a. O., S. 378.
140 Wir halten die Verwendung der wissenschaftlich überholten Begriffe der „bewußten" und „unbewußten" Fahrlässigkeit auch in Arbeitsrechtssachen für überholt.

141 OG-Urteil vom 19. 4. 1977, a. a. O., S. 377.
142 Autorenkollektiv, Marxistisch-leninistische allgemeine Theorie des Staates und des Rechts, Bd. 4, a. a. O., S. 398.
143 W. I. Lenin, Die dringendsten Aufgaben unserer Bewegung, in: Werke, Bd. 4, S. 370.
144 A. Arnold, Was formt die Persönlichkeit? Berlin 1976, S. 11.
145 Ebenda, S. 28.
146 U. Wilke, Zur Risikoproblematik . . ., a. a. O., S. 118.
147 O. Bärwinkel: Ordnung, Disziplin u. Sicherheit helfen, unseren Plan kontinuierlich zu erfüllen. in: Die Bewegung für vorbildliche Ordnung, Disziplin und Sicherheit, ein Beitrag zur Erfüllung der Hauptaufgabe, aus der Tätigkeit der Volkskammer und ihrer Ausschüsse. Heft 13/1976, S. 41.
148 A. Arnold, Was formt die Persönlichkeit? a. a. O., S. 28.
149 U. Wilke, Zur Risikoproblematik . . ., a. a. O., S. 117f.
150 G. Neuner, Sozialistische Persönlichkeit — ihr Werden, ihre Erziehung, Berlin 1976, S. 116.
151 H. Koch, Optimismus, Verantwortungsbewußtsein, Lebensgenuß, Einheit 5/6/1976, S. 618.
152 Gesetz über die örtlichen Volksvertretungen — Kommentar — Berlin 1975, S. 26.
153 A. Kossakowski, Psychologische Aspekte . . ., a. a. O., S. 163.
154 H. Maier, Vor dem Erfolg stehen Schweiß und schöpferische Leistungen, in: Neues Deutschland vom 22./23. 2. 1975.

Personenregister

Adam, W. 38, 49, 94, 95, 96
Afanasjew, W. G. 10, 20, 45, 93, 94, 95
Arnold, A. 100

Badestein, H. 98
Bardina, M. 72, 99
Bärwinkel, O. 88, 100
Bauer, R.-W. 94
Bernal, J. D. 94
Bogulawski, M. M. 72, 99
Bohr, N. 22
Bradter, W. 26, 94, 99
Breshnew, L. I. 94
Burian, W. 95, 97

Chotjakova, W. A. 94

Dettenborn, H. 99

Einbock, F. 70
Einstein, A. 39
Engels, F. 21, 39, 40, 93, 94

Friedrich, G. 30, 94, 97, 98
Friedrichs, D. 40, 94

Gericke, R. 94
Grinberg, M. S. 48, 95
Grundmann, G. 95, 96, 97, 98, 99

Hager, K. 58, 63, 93, 97, 98
Harvey, W. 39
Hegel, G. W. F. 94
Heilmann, R. 95, 97
Hildebrand, W. 98
Honecker, E. 14, 93, 94, 97, 98

Jaroševskij, M. G. 56, 97

Koch, H. 89, 100
Kopernikus, N. 39
Körner, K.-H. 95
Kossakowski, A. 98, 100

Lekschas, J. 99
Lenin, W. I. 9, 13, 14, 21, 26, 29, 35, 49, 86, 93, 94, 95, 100
Lontai, E. 71, 98
Lorenz, S. 97

Maier, H. 100
Marx, K. 13, 14, 21, 75, 93, 99
Matho, F. 98
Mattig, W. 42, 52, 53, 65, 95, 98
Meier, A. 99
Meletschenko, Ju. S. 95
Menghini 42
Müller, M. 71, 99

Nalčadžjan, A. A. 94
Neuner, G. 100
Nick, H. 99
Nolepa, G. 93

Odujew, S. F. 93
Osterland 71, 99

Pflicke, G. 94
Pfotenhauer, J. 54, 93, 96
Planck, M. 39
Posch, M. 93

Rassochin, U. P. 31, 34, 94, 98
Rassudowski, W. A. 20, 46, 73, 93, 95, 99

Schilling, G. 98
Schmidt, H.-D. 94
Schuchardin, S. W. 95
Seidel, D. 99
Sindermann, H. 99
Slobin, N. 87
Steininger, H. 99
Steitz, L. 93
Süß, E. 98

Tagore, R. 7
Tichomirow, J. A. 37, 94, 98
Tschikwadse, W. M. 62, 98

Walther, A. 38, 49, 94, 95, 96
Weiz, H. 17, 93
Wilde, G. 94
Wilke, U. 87, 99, 100

Bei Fragen zur Produktsicherheit wenden Sie sich bitte an:
If you have any questions regarding product safety,
please contact:

Walter de Gruyter GmbH
Genthiner Straße 13
10785 Berlin
productsafety@degruyterbrill.com